# CÓMO PETARLO EN AIRBNB

Vladyslav Marcos Nagay

VLADYSLAV MARCOS NAGAY

© De los textos Vladyslav Marcos Nagay
Revisión de estilo: Juan Rubén Benjumea Cobano
Todos los derechos reservados.

# ÍNDICE

¿Este libro es para ti? ---7
Introducción ---9
Mitos y ventajas ---13
Enséñame la Pasta ---20
Lánzate ---31
   1. Viabilidad ---31
   2. Coñazo legal ---37
   3. Básicos imprescindibles ---40
   4. Decoración y reformas ---43
   5. Múdate unos días ---50
   6. Fotos ---53
   7. Publícalo ---57
Dale caña ---73
   Tu primera vez ---73
   Comunícate ---74
   Responde rápido ---76
   Límpialo ---78
   Todo listo ---82
   Detalles de 5 estrellas ---84
   ¿Y si les regalas un Don Perignon? ---85
   Diviértete ---87

Para qué tienes que estar preparado --------89

Despídete --------------------------------------94

Deja una evaluación ---------------------------98

## Mantén el tipo ----------------------------------102

¿Y si la cagas? ----------------------------------102

¿Y si el huésped la caga? ----------------------106

Sé un SuperHost ---------------------------------108

Cancela una reserva ----------------------------116

Reoptimiza tu anuncio -------------------------117

## Fórrate---------------------------------------------120

Ingresos extra ----------------------------------120

Automatiza --------------------------------------128

Externaliza --------------------------------------130

## Cómo Capear el temporal ----------------------139

## ¿Conquistará Airbnb el mundo entero?------149

## Sobre el autor ------------------------------------158

## Notas ----------------------------------------------159

# CÓMO PETARLO EN AIRBNB

# ¿Este libro es para ti?

Me gusta dejar las cosas claras desde el principio, para que no haya expectativas erróneas ni falsas esperanzas.

Si buscas un libro que te enseñe cómo recorrer el mundo viajando con Airbnb, este libro no es para ti, además no te hace falta un manual para hacerlo, simplemente hazlo. Si todavía no sabes que es Airbnb, búscalo en Google porque yo no te lo voy a explicar. Por el contrario, si ya sabes que es Airbnb y lo que quieres es sacarle el máximo beneficio como anfitrión, entonces este libro es para ti. Desde principio a fin, te voy a explicar de manera fácil y sencilla todo lo que tienes que hacer para petarlo en Airbnb. Paso por paso, empezando por la elección del tipo de vivienda y su ubicación, la decoración y el mobiliario, hasta su gestión y monetización en Airbnb.

Todo lo que aprenderás, viene desde mi propia experiencia y la de mi equipo, hemos llegado a gestionar más de 30 propiedades en Madrid con el mismo sistema. No importa si eres un particular, un inversor, un gestor con 10 propiedades o incluso si solo quieres alquilar una habitación de tu casa. Esta información es útil y válida para todos los que quieran sacarle el máximo provecho a Airbnb. Estoy tan convencido de ello que te lo garantizo personalmente, si aplicas todo lo que está explicado en este libro, siguiendo todos los pasos y no te funciona nada… entonces escríbeme un mail y te devolveré personalmente el 150% del precio del libro.

Te advierto que aquí no aprenderás modelos de gestión para cientos de propiedades, ni técnicas de dirección de personal y tampoco verás *software* especializado. Por lo que, si eres un gestor con cientos de propiedades que busca técnicas de *management*, aquí no las encontrarás.

Este libro también es para aquellos que ya tienen creado su anuncio en Airbnb, pero no les está funcionando como debería o directamente tienen pocas reservas, malas evaluaciones, pocos ingresos, etc. Y, por supuesto, para los que les está funcionando bien, pero quieren mejorar, ya sea aumentando los ingresos y las reservas o cualquier aspecto del anuncio.

Por último, antes de que empieces, me gustaría advertirte que el tono y el lenguaje que utilizo es muy directo, si te puede resultar molesto u ofensivo, entonces este libro no es para ti. En su mayoría uso la primera persona del singular y en otras ocasiones el plural para darle el reconocimiento que se merece a mi equipo.

# Introducción

Empiezo con un poco de cotilleo, te voy a contar mi vida, no entera, solo un pequeño fragmento, pero si no te interesa puedes ir directamente al siguiente capítulo.

La primera vez que utilicé Airbnb alquilé un apartamento entero para mí solo en Madrid en el barrio de Salamanca, elegí el barrio porque el motivo de mi viaje eran dos reuniones de negocios que tenía por la zona, por aquel entonces estaba embarcado en la creación de una empresa junto con socios e inversores.

Esta primera experiencia en Airbnb me sorprendió gratamente, me gustó la idea de utilizar un apartamento entero, vivir como un local más y además el apartamento estaba muy bien. A partir de entonces empezó mi aventura en Airbnb, en los siguientes 3 meses estuve utilizando Airbnb de forma continua, alquilando habitaciones en casas donde vivían los dueños o apartamentos enteros. Siempre en Madrid, dado que me tocaba venir a la capital por lo menos una vez a la semana para distintas reuniones del proyecto que estábamos creando. Durante las distintas estancias probé de todo, desde cuchitriles hasta apartamentos reformados de alto nivel. En general todas las experiencias fueron muy buenas, excepto alguna que fue bastante curiosa. En un piso alquilaban lo que antiguamente era la zona de servicio de los sirvientes, pero las fotos eran del resto de estancias de la casa, "las que estaban bien", porque me tocó dormir en una habitación donde la puerta tenía un cristal, mucha intimidad tenía ahí, además cuando me fui a la cama las baldas del somier se cayeron y tuve que poner el colchón en el suelo, por si fuese poco todo estaba bastante sucio. Esta habitación estaba en pleno barrio de Salamanca a unos pasos de la calle de Serrano y encima tenía un precio de unos 40 € la noche, mucho más caro de lo que solía pagar por solo una habitación. Quitando esta mala experiencia y otra muy curiosa, en la cual me encontré un consolador en un cajón del baño, que estaba justo al lado del secador de pelo, ¡cómo para no verlo! No le dije nada al anfitrión y por su puesto tampoco lo puse en la opinión, realmente esto fue lo único raro del piso, porque todo estaba muy bien y el anfitrión era muy cordial, pero ¡macho! los consoladores hay que guardarlos en otro sitio… El resto de estancias fueron muy buenas, con muy buenos anfitriones.

Volviendo al tema del proyecto en el que estaba trabajando, este empezó a funcionar de forma constante y yo tenía que mudarme a Madrid, pero todavía no generábamos suficientes ingresos y yo no tenía tampoco un gran colchón para ir pagando un alquiler. Entonces ideé un plan un poco pícaro, para poder vivir cerca del trabajo y además poder pagarme el alquiler. Busqué un apartamento de alquiler con la idea de realquilarlo en Airbnb los fines de semana. Me costó un tiempo encontrar el apartamento adecuado, por si no lo sabías el mercado de alquiler en Madrid vuela, se publica un piso y en menos de una hora está alquilado. Finalmente, encontré el apartamento perfecto en la calle General Pardiñas, muy cerca del trabajo. Mi plan perfecto estaba funcionado, utilizaba el apartamento entre semana y lo alquilaba los fines de semana por unos 55-60 € la noche y cuando lo alquilaba, me pegaba un viajecito a Valencia a casa de mis padres. Con esta jugada conseguí vivir en un apartamento para mí solo, en el barrio de Salamanca por menos de 200 € euros al mes. Aunque realmente no fue tan sencillo, luego explicaré cómo fueron las primeras reservas y los truquitos que utilicé.

Todo iba viento en popa y, además, el proyecto en el que trabajábamos empezó a funcionar cada vez mejor, pero la buena racha se terminó pronto, cuando descubrimos que el socio inversor que teníamos, desviaba el dinero y lo utilizaba para sus propios intereses. Entonces, se paró todo, una empresa en lo que llevábamos trabajando como locos durante 4 meses sin parar, se paralizó en seco y empezamos con abogados, discusiones, amenazas de su parte, denuncias... Una situación que finalmente pudimos resolver después de casi un mes de negociaciones. Durante este tiempo yo tenía que seguir pagando el alquiler, Internet, luz... Mi única posibilidad de ingresar algo era por Airbnb, entonces empecé a alquilarlo más días, y como tenía que seguir estando en Madrid, cuando lo alquilaba me iba a casa del socio (no es el mismo que el socio inversor estafador) o para ser exactos la casa era de los padres del socio, que tenía la misma edad que yo, por aquel entonces 22 años. Pasé unos 2 meses como un cangrejo ermitaño, moviéndome entre casa de los padres del socio, la casa de mis padres e incluso en una ocasión alquilaron mi apartamento y yo, a su vez, alquilé para mí una habitación más barata que estaba cerca.

Mi apartamento funcionaba muy bien en Airbnb, además le di un toque de decoración, unos muebles nuevos, cama nueva y llegué a ser SuperHost (más adelante verás de qué va eso). Por lo menos tenía una fuente de ingresos porque el proyecto con la patada de la salida del inversor nos quedamos sin recursos. Aunque más tarde encontramos otro inversor que nos ayudó un poco, pero ya estábamos muy quemados con toda la situación anterior.

Encima por problemas familiares, mis padres se divorciaron, mi madre junto con mi hermano pequeño se mudaron a Aranjuez. Mi madre estaba sin trabajo y con varias depresiones. Debido a la situación tan complicada que estaba atravesando, empecé a explotar al máximo mi apartamento y me di cuenta de que se me daba bien e incluso me gustaba recibir turistas de cualquier parte del mundo. Entonces pensé que, si podía gestionar tan bien mi apartamento, seguro que podría con más, de esta forma nació Gaspadar, conseguí el primer apartamento y luego otro... Así, en un año y medio hemos conseguido gestionar más de 30 pisos. Por mis manos han pasado más de 3.000 huéspedes, con sus correspondientes mensajes, consultas, retrasos, etc. De media hemos conseguido una ocupación superior al 80% y hemos rescatado varios pisos de otras agencias que no los conseguían hacer funcionar o daban un servicio pésimo. Por cierto, para agradar a mi madre (las madres son así) el nombre de Gaspadar tiene un significado muy relacionado con el trabajo realizado, mi origen es ucraniano y en mi idioma natal la palabra Gaspadar significa "buen anfitrión" u "hospedar".

Por si tu mente pícara lo está pensando, los pisos que gestionábamos cuentan todos con el consentimiento del propietario y están regularizados con sus correspondientes licencias, no como mi apartamento inicialmente. Que además cuando empecé a alquilar al máximo mi apartamento, me acabaron pillando porque el edificio tiene portero y se lo tuvo que contar al propietario, me toco negociar con él y ahora ya lo tenemos regulado.

Mi aventura empresarial de gestión de apartamentos turísticos al frente de Gaspadar terminó el 15 de mayo de 2018, cuando Hostmaker, la empresa más grande de Europa de gestión de pisos turísticos, compró mi cartera y continuó con la gestión.

# Mitos y ventajas

Seguro que has visto en las noticias las bondades que cuentan sobre el alquiler turístico o directamente sobre Airbnb. El lobby hotelero tiene mucho poder y muchos millones, por lo tanto es normal que veamos solo exageraciones en los medios de comunicación mayoritarios, de hecho en 2016 se publicó un documento (Nota 1) de la asociación hotelera de EEUU (un grupo que cuenta con Hilton y Hyatt, entre otros) donde exponían una estrategia para segar el negocio de Airbnb y derribar su imagen. Es cierto que han conseguido progresos, en Nueva York por ejemplo aprobaron una de las legislaciones más restrictivas del mundo contra Airbnb.

En España la situación es parecida y las cadenas hoteleras hacen sus avances, por ejemplo en Baleares, donde han sacado unas leyes en contra del alquiler turístico que no las entienden ni ellos mismos. Hasta hace muy poco, si buscabas en Google la palabra Airbnb, después de la página oficial de Airbnb aparecían artículos de distintos periódicos con titulares como: "Huésped de Airbnb no se marcha y ocupa mi casa" (Nota 2) o "me destrozan la casa después de una reserva de Airbnb" (Nota 3). También he llegado a leer una entrevista (Nota 4) al director de NH, Hugo Rovira, en la que dijo: "Si yo fuera un terrorista me alojaría en un piso turístico sin dudas".

A pesar de tenerlas todas en contra, Airbnb ha llegado para quedarse, lo verás en profundidad en el último capítulo. Primero voy a desmentir estos mitos:

## 1. Destrozan la casa

Con más de 3000 de reservas completadas, hemos recibido todo tipo de huéspedes. Desde grupos grandes de jóvenes para la semana del orgullo gay, familias enteras de hindúes, grupos de jóvenes, parejas de coreanos... hasta gente de Alaska. Nunca nos han destrozado un piso, es cierto que lo pueden dejar más o menos sucio, pueden romper algo accidentalmente y en su mayoría avisan de ello, lo reponen o dejan dinero para compensarlo, en una ocasión a una chica se le rompió un plato y nos dejó 20€ con una nota disculpándose. ¡Por un plato!

Y si alguna vez ocurre un destrozo sin responsables que asuman el *mea culpa*, Airbnb tiene un seguro que cubre hasta 800.000 €. Además, dicha cobertura funciona de maravilla.

El porcentaje que tenemos apuntado de alguna rotura accidental es inferior al 2 %, suelen ser lámparas, algún espejo y lo más habitual son los vasos, aunque estos realmente no los contabilizamos. ¿A quién no se le ha caído un vaso alguna vez?

## 2. Todos vienen a montar fiestas

Si esto fuese cierto, ahora mismo todos los pisos del centro histórico serían discotecas. En los medios siempre te sacarán imágenes de pisos en los que montan fiestas y lo destrozan todo. Si tu piso lo llenas de literas, le pones un precio de risa y encima está en una zona de fiesta, es probable que la fiesta esté asegurada. Sin embargo, en un piso bien cuidado, incluso aunque sea para 8 personas (la capacidad máxima que hemos tenido) y recibiendo grupos de jóvenes, no hemos tenido constancia de fiestas, ni en la semana del orgullo gay, ni en Nochevieja, ni en ninguna fiesta señalada. Pero lo admito tenemos registradas 3 fiestas, por fiestas quiero decir que pusieron música y estaban de "risas", no que invitasen a todos sus amigos y armasen ahí la gorda. Cierto es que ese 0,2 % de fiestas afecta sobre todo a los vecinos, que se pueden quejar, lo mejor es tener una buena relación con ellos para que te avisen en el momento que empiece la fiesta, para poder llamar a los huéspedes fiesteros o incluso para apuntarse a la fiesta. Añadir que, después de las fiestas, nunca nos dejaron el piso en mal estado y que además se disculparon en 2 de los 3 casos. Hay que tener en cuenta que en Airbnb se pueden rechazar las reservas, si vemos que alguien quiere entrar con ganas de fiesta se puede rechazar sin problema. También si sospechamos de ellos en el momento de la entrega de llaves, les podemos pedir una fianza adicional, cogerles el DNI o avisarles de que los vecinos tienen muy mala hostia.

## 3. Economía sumergida y fraude fiscal

Otro de los mitos que dicen todos los hoteleros, políticos y periodistas es que el alquiler vía Airbnb escapa a los ojos del fisco. Esta es otra desafortunada declaración que pretende deslegitimar esta actividad económica. Todos los pagos de Airbnb a los propietarios se realizan por medio de transferencias bancarias que quedan registradas para siempre. Ahora mismo, según la regulación española estos ingresos hay que declararlos en la Renta. Si no se declaran, Hacienda te enviará una de sus famosas cartas. En Airbnb hay multitud de foros abiertos sobre el tema de las cartas de Hacienda (Nota 5), porque a algunos se les "olvidó" declarar los ingresos y recibieron una carta con la sanción directamente. Esto puede ocurrir con cualquier actividad económica en la que el responsable no quiera declarar los ingresos, no pienses que Airbnb es una excepción.

En un futuro es probable que sea el propio Airbnb quien cobre y retenga el porcentaje de impuestos que le corresponda al fisco.

También podemos encontrarnos con otro tipo de noticias que intentan propagar el miedo entre los huéspedes con titulares como: "Anfitriones que usan webcams para espiar a sus huéspedes" (Nota 6) o "una casera acusada de abusar sexualmente de su huésped" (Nota 7). ¡Claro que sí! Ocurre todos los días. Actualmente es noticia la gentrificación y la legalidad de los pisos, aunque esto lo voy a abordar más adelante.

Estarás pensando: ¿no me vas a decir nada bonito? Pocas palabras bonitas se leerán sobre el tema en la prensa, a pesar de que millones de viajeros de todo el mundo sigan viajando y recomendando a Airbnb, con un crecimiento imparable tanto de huéspedes como de anfitriones.

La realidad es muy diferente a como la pintan los medios, de hecho, no tiene nada que ver. Los perfiles habituales que recibimos son familias, grupos de amigos y parejas. Los huéspedes varían en función del apartamento que hayan elegido, he gestionado todo tipo de apartamentos, pero en su mayoría son personas de clase media que vienen a hacer turismo cultural y gastronómico. Otros vienen por temas de trabajo, para ver viejos amigos, reunirse con familiares y alguno incluso para vivir la aventura de ser un local más durante varias semanas o meses. Esta es la realidad, personas normales que viajan y buscan una experiencia diferente a la de un hotel.

Y, como he dicho antes, Airbnb ha llegado para quedarse y una de sus razones es por sus ventajas. Estas son las más destacadas para los propietarios:

### 1. La rentabilidad

Las rentabilidades y los ingresos las verás en el capítulo siguiente. Como anticipo, solo mencionar que la rentabilidad en comparación con el alquiler tradicional, suele ser entre un 10% o un 40% superior, todo ello dependiendo de la ubicación y las características del piso.

### 2. Riesgo de impago

Airbnb cobra la reserva del huésped antes de que este llegue y la ingresa en la cuenta bancaria del anfitrión 24 horas después de que el huésped haya entrado en el apartamento. Por lo tanto, no existe riesgo de impago, ni retrasos en el pago como ocurre en el alquiler convencional. Además los ingresos son constantes y no solo a final de mes.

### 3. Deterioro

El deterioro que realizan los huéspedes es mínimo e incluso me atrevería decir que es prácticamente inexistente en muchas ocasiones. Los turistas que están 2-4 días vienen a hacer turismo, nunca mejor dicho, por lo que en su mayoría comen fuera del piso y pasan la mayor parte del tiempo fuera del mismo. El único deterioro que hacen normalmente es el de la cama y la ducha. Siempre hay algunas excepciones y algunos cocinan y ensucian más que el resto.

### 4. Mantenimiento y renovación

Dado que después de cada reserva el apartamento se revisa y se limpia para la siguiente reserva, el apartamento siempre está en excelentes condiciones. Y, además, cada cierto tiempo 6-12 meses es recomendable pintar el apartamento, renovar si se desea algún mueble o electrodoméstico, de forma que siempre esté perfecto. A diferencia del alquiler a largo plazo que no se sabe cómo están tratando los inquilinos el piso hasta que salgan después de 1-3 años, es habitual en esos casos tener que comprar una cocina nueva o reformar alguna parte de la casa con mucho deterioro.

### 5. Disponibilidad

Cuando quieras puedes bloquear unas fechas para tu propio uso y disfrute o quizás para tu familia o amigos. Tenemos varios clientes que trabajan y viven en el extranjero, sin embargo tienen un piso en Madrid que no quieren alquilar de forma continua, porque les gusta disfrutar de su casa por temporadas. Esta es una ventaja enorme, ya que, antes el piso estaba vacío durante la mayor parte del año, ahora lo pueden disfrutar otros y el dueño obtiene una rentabilidad, además da trabajo al personal que lleva la gestión y su piso se mantiene renovado y vigilado.

### 6. Personas e idiomas

Esta ventaja solo se aplica si eres tú quien llevas la gestión del apartamento. Si eres una persona sociable, que le guste conocer a gente nueva y descubrir nuevas culturas, te encantará este trabajo. Porque recibir a gente es mucho más que solo darles las llaves, es un trato más cercano donde pueden surgir amistades e incluso romances ;).

Por otro lado, si estás aprendiendo inglés con Airbnb llega el momento de ponerlo a prueba con ingleses, australianos, coreanos... Sin duda, es sorprendente las nacionalidades tan variadas que pueden llegar a través de Airbnb y es muy divertido adaptarse al acento de cada uno.

Si alquilas una habitación de tu casa, la experiencia de conocer a personas es mucho mayor ya que te tocará compartir más tiempo y el mismo espacio, lo que puede ser más divertido todavía.

# Enséñame la Pasta

Aunque la recompensa económica viene después del trabajo duro, si no sabes primero cuánta pasta puedes ganar, no tienes suficiente motivación para hacer un buen trabajo.

Una vez más, en cuanto se busca en Google: "rentabilidad alquiler turístico" aparecen un montón de periódicos como El Confidencial (Nota 8) o el Cinco días (Nota 9) con artículos que "demuestran" que es más rentable el alquiler tradicional a largo plazo. No voy a entrar en detalles sobre cada artículo ya que las fuentes me parecen un poco dudosas y, desde mi punto de vista, algunos argumentos no son del todo claros. Para tener como referencia una fuente de datos realista utilizo AirDNA.co. AirDNA es una empresa que se dedica a recopilar datos sobre todos los anuncios publicados en Airbnb en el mundo entero.

Según AirDNA, en 2017 el volumen de reservas de Airbnb ha sido de 165 millones de euros solo en la ciudad de Madrid. Con un ingreso medio mensual de 1569 € por apartamento entero, mientras que el precio medio del alquiler mensual por metro cuadrado se sitúa en 11,45 € según idealista. Airbnb no clasifica los anuncios por metros, por lo que no podemos hacer una comparación del todo exacta, pero podemos considerar una vivienda media de 80 m² que se alquilaría por 916 €.

Estas estadísticas mayoritarias nos proporcionan una idea general del mercado, pero la rentabilidad real que se puede llegar a conseguir depende de muchas variables y en definitiva de cada casa. Las variables principales que influyen directamente sobre cada casa, son la ubicación, la capacidad máxima de huéspedes que se pueden alojar y la calidad. Con estas tres variables se determinará el precio y la ocupación que tendrá, por lo tanto, como puedes ver cada casa es un mundo.

A continuación, muestro una tabla de las propiedades con mayores ingresos anuales de Madrid según AirDNA:

| Nombre del anuncio | Ingresos anuales | Capacidad máxima |
|---|---|---|
| Gran Via Apartment | 179.662 € | 16 personas |
| ~NEW~ GRAN APTO~ | 150.314 € | 16 personas |
| Heima Home Serrano | 148.868 € | 10 personas |
| Soho saleasas Apartment | 146.209 € | 14 personas |
| Heima Puerta del sol | 114.585 € | 11 personas |

Fuente: AirDNA.co en Mayo 2018.

Estos apartamentos que encabezan el ranking de ingresos de Madrid tienen en común una gran capacidad de huéspedes, con un máximo de 16 personas, todos están ubicados por el centro de Madrid y tienen un diseño y aspecto muy bien cuidado. No son pisos de súper lujo, ni siquiera creo que podamos compararlos con los hoteles de 5 estrellas, más bien parecen equiparables a un hotel de 4 estrellas con toques de diseño. Es la combinación de una buena ubicación con un buen diseño y una gran capacidad, la que da como resultado estos elevadísimos niveles de ingresos. Es absurdo comparar estos resultados con el alquiler medio, la rentabilidad que alcanzan estos pisos solo se puede comparar con el alquiler de propiedades de lujo, haciendo una búsqueda rápida en idealista las casas que se alquilan por 8.000-10.000€ son súper casas de 600 m², no tienen nada que ver con las casas de la lista, que tendrán unos 200-300 m², y se podrían alquilar por 3.000-4000 € como mucho.

Estas cifras que ofrece AirDNA son aproximadas, pero muy cercanas a la realidad, lo digo por experiencia al compararlo con los apartamentos que hemos gestionado, comparando los datos reales con los que daba AirDNA la diferencia fue mínima, es cierto que no fue exacta en ninguno de los casos, pero con un margen de error de unos pocos euros.

Los pisos grandes no son los únicos que pueden llegar a ser tan rentables, por ejemplo los siguientes datos son para los mejores apartamentos de una habitación:

| Nombre del anuncio | Ingresos anuales | Capacidad máxima |
|---|---|---|
| Penthouse with terrace | 48.243 € | 3 personas |
| Right in downtown | 42.409 € | 3 personas |
| Duplex Deluxe Sol | 41.196 € | 4 personas |

Fuente: AirDNA.co en Mayo 2018.

Una vez más, son pisos con una ubicación especial (por ejemplo, el primero de la lista es un ático con vistas al centro de Madrid), una buena decoración y por supuesto un buen trato y servicio, esto se ve por las opiniones que dejan los huéspedes, que consiguen posicionar estos apartamentos en los primeros resultados, luego verás cómo hacerlo tú también.

En cuanto a rentabilidades, en idealista no se puede encontrar ningún piso de una habitación por esos precios, ni siquiera de lujo, lo más caro que he visto son 2500 €, por pisos de lujo ya amueblados, que se alquilan por meses con todos los gastos incluidos, lo cual es una especie de híbrido entre el alquiler turístico y el tradicional.

Si tienes un piso más normalito, no te asustes porque también se puede ganar mucho dinero, de hecho, los pisos que yo he gestionado son bastante normales y con todos hemos generado más dinero que con el alquiler tradicional. No puedo compartir los datos de mis clientes sin su consentimiento, pero te puedo asegurar que los ingresos medios que hemos conseguido oscilan entre un 80-200 % superiores al alquiler.

Los datos reales que sí te puedo compartir, son los de mi propio apartamento en el Barrio de Salamanca, se trata de un estudio interior de 30 m$^2$, muy normalito, bien cuidado pero sin ser nada espectacular. Los ingresos brutos medios mensuales que he conseguido son de 1400 €, en comparación con el alquiler que son 600 €, es decir, un 133 % superior. Incluso debería tener en cuenta que en ese período basé mi estrategia en el método de prueba y error, esto es, probé muchas tácticas nuevas con la gestión y cambié muchas cosas en un año, obviamente no sabía todo lo que sé ahora. En los últimos meses llegué a ingresar casi 2000 €.

## ¿Y los gastos?

Está claro que el alquiler turístico tiene unos gastos que el alquiler tradicional no tiene, de hecho, es habitual pensar que los consumos y gastos en general son extremadamente altos en este tipo de alquileres cortos, pero se trata de otro mito que voy a desmentir.

No tengo datos exactos de mis clientes, pero muy pocas veces hemos recibido quejas de los propietarios por los consumos, solo durante épocas de invierno más severas en las que subía bastante el consumo eléctrico en las casas con sistemas de calefacción eléctrica ineficientes, como el típico radiador eléctrico que no sirve de mucho, pero si se dispone de un sistema de calefacción bueno y eficiente el gasto es mínimo.

Si te interesan, aquí van unos datos reales: 683 € son los gastos medios mensuales que he tenido en mi apartamento (600 € de Alquiler + 35 € de Agua +18 € de Luz + 30 € de Adsl = 683 €).

También tendría que tener en cuenta el precio de las limpiezas y la gestión de comunicaciones/bienvenidas, aunque las hacía yo inicialmente, puedo suponer que las llevaba mi propia empresa, por lo tanto sería un 20% de los ingresos (280 €) más IVA (338,8 €).

En mi caso, se trata de un realquiler y era rentable, pero, si comparamos la rentabilidad desde el punto de vista del propietario, el alquiler turístico generaría 978,2 € medios mensuales (1400 - 338,8 - 30 – 18 – 35 = 978,2). En comparación con el alquiler tradicional, el turístico es un 63 % más rentable.

No he tenido en cuenta los posibles gastos en reparaciones, que en este caso en los últimos dos años no se ha dado ninguna reparación que tuviese que pagar el propietario. De todas formas, las reparaciones también son a cargo del propietario en el alquiler tradicional.

Por otro lado, tampoco he tenido en cuenta los gastos de comunidad de propietarios, que también los paga el propietario tanto en alquiler tradicional como en el alquiler turístico.

Por último, hay que considerar también que un piso se puede alquilar sin amueblar, mientras que para el alquiler turístico el piso tiene que estar amueblado, en mi caso mi apartamento ya estaba amueblado quitando algunos básicos que tuve que incluir, en el próximo capítulo verás en detalle el tema del mobiliario y la decoración. Para este cálculo no he incluido la inversión en mobiliario y decoración para simplificar. Pero si se incluye la inversión en mobiliario y decoración, se debería calcular una amortización del mismo, por lo menos de 6 años.

**¿Y los impuestos?**

En principio pinta bien, ¿no? Pero seguro que te crujen con los impuestos, pues la verdad es que depende un poco de cómo juegues tus cartas.

Empiezo con el IVA, el artículo 20.1 de la Ley 37/1992 del impuesto sobre el valor añadido (Ley del IVA) especifica que hay determinadas operaciones que están exentas de IVA.

Y en concreto el apartado 23º de dicho artículo 20.1 dice que están exentos de IVA la constitución y transmisión de derechos reales de goce y disfrute (vamos, el arrendamiento o cesión a cambio de un precio) que recaigan sobre, según el apartado "b", edificaciones destinadas a viviendas. Por lo tanto, el alquiler y cesión de viviendas queda, en principio, exento de IVA.

Sin embargo, el apartado "e'" del artículo 20.1.23ºb de la LIVA establece que la exención que acabamos de ver no operará cuando se trate de arrendamientos de apartamentos o viviendas amuebladas cuando el arrendador se obligue a la prestación de alguno de los servicios complementarios propios de la industria hotelera, tales como los de restaurante, limpieza, lavado de ropa u otros análogos. Es decir, en estos casos la persona que cede la vivienda al usuario tiene la obligación de emitir factura con IVA. En estos momentos el IVA aplicable a esta operación de alquiler turístico sería el 10%.

Pero tranqui porque son considerados, según la Dirección General de Tributos, como servicios propios de la industria hotelera la limpieza del interior del inmueble así como el servicio de cambio de ropa (sábanas, toallas, etc.). El concepto no alcanza a la limpieza y cambio de ropa antes y después de la cesión, sino que para que se consideren prestados estos servicios han de prestarse durante la cesión, es decir durante la estancia, y no solo antes y después.

Por si no lo has pillado, mientras no ofrezcas una limpieza, un cambio de sábanas, un minibar o cualquier servicio típico de hotel a los huéspedes durante su estancia, no tienes que pagar IVA, la limpieza anterior y posterior a la estancia de los huéspedes no cuenta como servicio de hotel, nosotros nunca hemos ofrecido servicios durante la estancia de los huéspedes, así que estamos exentos de pagar IVA. Si todavía tienes dudas, consulta con un asesor fiscal que sea experto en la materia.

En cuanto al IBI, este impuesto no se ve modificado porque dediques la propiedad al alquiler turístico, son gastos que tiene que pagar el propietario en cualquier situación.

Una vez terminado el año, llega el momento de declarar toda la pasta que has ganado con Airbnb, eres responsable de hacerlo, obviamente puedes no declarar nada, pero Airbnb te envía el dinero por transferencia bancaria y si has hecho las cosas bien, vas a tener una buena cantidad acumulada que no pasará desapercibida a los ojos del fisco. Además, si no declaras las ganancias, Hacienda te enviará una carta directamente con la penalización, hay bastantes foros abiertos en Airbnb sobre el tema de muchos "despistados" que no declararon los ingresos cuando tocaba.

En la declaración de la renta es donde está la mayor diferencia entre alquiler turístico y el tradicional. Según la regulación actual para el alquiler tradicional destinado a vivienda habitual, el propietario puede desgravarse entre un 50 o 60 % de la renta del mismo. Por el contrario, para el alquiler turístico el propietario no podrá desgravarse nada, pero si puede deducir todos los gastos referentes a la actividad, tales como los consumos, Internet, la comisión de la empresa gestora, etc.

Haciendo una comparación rápida, con los datos anteriores de mi apartamento, como he dicho antes, para simplificar no tendremos en cuenta los gastos que se pagarían en ambas situaciones (IBI, comunidad...). Con el alquiler tradicional el propietario ingresaría 7.200 € al año, en la declaración de la renta podría desgravarse hasta un 60 %, pagando el porcentaje de impuestos que le corresponda por su renta sobre la cantidad restante, suponiendo un 30 %, pagaría 864 €. En el caso del alquiler turístico, el propietario ingresaría 16800€ al año, deduciendo todas las facturas relacionadas con la actividad como he especificado anteriormente, el beneficio sería de 11.738 € anuales, pagando un 30 % (3.521 €) en la declaración de la renta. Es aquí donde muchos propietarios se llevan las manos a la cabeza, viendo todos los impuestos que les toca pagar, a nadie le gusta pagar impuestos pero tenemos que verlo en perspectiva, comparando cada tramo impositivo, como viene detallado en la siguiente tabla:

| Tipo impositivo | Beneficio alquiler tradicional | Beneficio alquiler turístico | Rentabilidad turístico vs tradicional |
|---|---|---|---|
| 24 % | 6.509 € | 8.921 € | 37 % |
| 30 % | 6.336 € | 8.217 € | 29 % |
| 37 % | 6.134 € | 7.395 € | 21 % |
| 45 % | 5.904 € | 6.456 € | 9 % |

Como puedes observar, el alquiler turístico en este caso es más rentable que el tradicional en todos los tipos impositivos por los que se podría ver afectado el propietario. De todas formas, la declaración de la renta depende de muchos factores personales y puede ser que se te apliquen deducciones especiales por tu situación personal. Te recomiendo que consultes con tu asesor, antes incluso de empezar con la actividad para que sepas de antemano cuánto tendrías que pagar.

Por cierto, si tú no eres el propietario pero eres tú quien lo explotas y recibes el dinero, también debes declarar los ingresos, los tipos impositivos son los mismos.

Si el propietario del activo inmobiliario es una sociedad mercantil la tributación es diferente pero en cualquier caso sigue siendo más beneficiosa.

**¿Todos los pisos lo petan?**

No todos los pisos funcionan en Airbnb, como has visto antes la rentabilidad de un piso depende de una combinación de diferentes variables, cualquiera de ellas puede afectar directamente al funcionamiento, siendo la principal la ubicación, si tienes una casa perdida en el monte, sin ningún tipo de atractivo que atraiga huéspedes, no hace falta que te diga que no va a funcionar. Pero sin irnos a casos extremos, un caso habitual puede ser un piso en la periferia de una ciudad o lejos de las zonas de interés, en estos casos suele ser habitual que no se consiga la suficiente ocupación como para superar la rentabilidad de un alquiler normal. De todas formas, esto hay que comprobarlo antes, en el siguiente capítulo verás cómo hacerlo.

Otro caso habitual es un piso en una buena ubicación, pero que no es atractivo por su diseño o mobiliario, esto me ocurrió con el único piso que no conseguí hacer funcionar, un piso con gran potencial en la calle Desengaño al lado de Gran Vía; el problema fue el diseño pobre con lo más básico y barato de Ikea, en general con un aspecto poco cuidado y bastante vacío. Dando como resultado un piso poco atractivo en fotos y que por lo tanto no funcionó.

La situación contraria ocurre cuando se invierte demasiado en una reforma y decoración de lujo para un apartamento pequeño o que presenta unas características, por ubicación o por el propio edificio, que no son acordes con la calidad, me refiero a un exceso de inversión, por ejemplo para un piso en un barrio mal frecuentado o ubicado en un interior además sin ascensor. Es claro que por mucho que se pretenda adornar y decorar un apartamento, si no está acorde con la zona y el mercado, los clientes potenciales no pagarán un precio muy superior solo por una súper decoración.

Por último, tenemos los pisos que no funcionan por una mala gestión, ya sea por una incorrecta optimización de precios, por un mal servicio o por cualquier otro motivo relacionado con la gestión. Por mi experiencia, este punto ha sido muy habitual en clientes que han venido a mí directamente desde la competencia, de hecho, más de la mitad de mis clientes vinieron de otras gestoras que realizaban una gestión pésima. El caso más sorprendente fue el de unos apartamentos situados en plena calle mayor que estaban recién reformados, con una decoración moderna y una capacidad máxima de 6 personas. Pero no funcionaban para nada con la otra gestora y conmigo se llenaron enseguida, con una ocupación casi del 100 % para todos los meses y, además, con una buena rentabilidad. En el capítulo de la externalización verás cómo evitar empresas incompetentes.

# Lánzate

Ahora, ya sabes que no te van a destrozar la casa, que tampoco vendrán a montar fiestas, ni a abusar de ti sexualmente y, sobre todo, vas a ganar mucha pasta. Entonces ha llegado el momento de publicar tu primer anuncio en Airbnb.

Antes que nada, si eres tú quien va a llevar la gestión del apartamento (recepciones personales, comunicación y respuesta a consultas en la página), te recomiendo que antes de empezar a hospedar, por lo menos pruebes Airbnb como viajero. Alójate si es posible en un apartamento con muchas opiniones, y, si el anfitrión es SuperHost, mejor todavía. Aprenderás mucho de esa experiencia y te puede dar algunas ideas, pero, sobre todo, te dará la visión de huésped, y es lo mejor para que entiendas a tus futuros clientes. Obviamente no es imprescindible que tengas experiencia viajando en Airbnb, seguro que hay muchos anfitriones que no han viajado en su vida con airbnb y hacen un buen trabajo.

## 1. Viabilidad

¿Estás seguro de que tu apartamento tendrá reservas? Supongamos que ahora mismo tienes un piso alquilado a unos inquilinos de larga estancia y el contrato vence pronto. Estás planteándote poner tu piso en Airbnb pero no sabes si podría tener demanda. Lo primero que debes hacer es entrar en Airbnb, buscar la ciudad sin especificar las fechas, porque si pones unas fechas concretas te saldrán solo los apartamentos disponibles para las mismas y lo que te interesa es ver todos los anuncios publicados. Una vez elegida la ciudad sin fechas, tienes que buscar en el mapa tu barrio o tu zona, el mapa está situado en la parte derecha de la página en la versión de escritorio de airbnb.com, esta opción no está disponible de momento para la versión móvil ni para la app. Haciendo un *zoom* en tu barrio o incluso en tu calle ya puedes ver todos los anuncios que hay publicados, si hay muchos puedes filtrarlos (utilizando filtros como: apartamento entero o habitación, capacidad de huéspedes y precio) para que solo aparezcan los que tienen características parecidas a tu apartamento. De los anuncios que queden pincha sobre ellos e investígalos a fondo.

- **Calendario**

Empieza por el calendario como si fueses un huésped que quiere reservar, mira la disponibilidad que tiene, si el calendario está lleno o hay muchos huecos. ¡Atención! No podemos saber si las fechas no disponibles son para uso personal o reservas reales, aunque puedes leer la descripción de perfil del anfitrión, a veces en la misma explican si ellos usan el apartamento por temporadas.

- **Precio**

Es fundamental saber a qué precio está funcionando, no te fijes en el precio que sale en grande encima del calendario, porque no es representativo, el precio que sale ahí normalmente es el mínimo que ha tenido ese anuncio, para saber los precios reales hay que hacer una simulación de reserva, eligiendo unas fechas y un numero de huéspedes, así te saldrán los precios de esas noches, puedes probar con varias fechas distintas para ver si varían los precios y poder hacer unas estimaciones aproximadas.

- **Opiniones**

Lo que más interesa aquí es el número, un piso que tiene 50-100 opiniones, es una cierta garantía de continuidad y funcionamiento. Lo mejor es leerse casi todas las opiniones de los huéspedes para saber qué valoran más y de qué se quejan (del barrio, del apartamento, del anfitrión…). También puedes buscar cuándo fue la primera opinión para saber cuánto tiempo lleva funcionando el anuncio.

Si en tu zona hay por lo menos 3 o 4 anuncios funcionando desde hace tiempo, con buenas opiniones y un calendario con reservas hasta dentro de mes y medio por lo menos, entonces tienes mayor garantía de que tu apartamento también pueda funcionar igual o incluso mejor. En el caso contrario, si no has encontrado ningún anuncio por la zona o nada parecido a tu apartamento, no significa que tu apartamento no pueda funcionar, porque puede ser que no sea una zona turística pero está cerca del metro, o tiene muy buena comunicación por carretera o lo que sea.

Si queremos asegurarnos de que nuestro anuncio funcionará, lo que hacemos es un truquito que puede sentar mal a los huéspedes pero es una gran ventaja para nosotros. El truco es recomendable para todos, no importa si has visto mil anuncios en la zona que funcionan, no tienes la seguridad de que el tuyo vaya a hacerlo.

Este truco consiste en publicar un anuncio falso o de prueba. Publicar un anuncio en Airbnb es súper fácil, si ya tienes una cuenta para viajar puedes utilizar la misma cuenta, así fue cómo lo hice yo cuando quería alquilar un apartamento en el barrio de Salamanca para realquilarlo los fines de semana. Sin tener todavía el piso, busque en Internet unas fotos de un apartamento parecido a lo que estaba buscando, me inventé la dirección aunque lo puse por la zona en la que yo quería alquilarlo. Y en menos de 10 minutos ya tenía publicado un anuncio de mentira, la casa no existía y las fotos eran de Internet. Recuerdo que publiqué el anuncio por la noche y no lo miré hasta la mañana siguiente. Cuando lo miré ya tenía 3 consultas que cubrirían más de la mitad de mi futuro alquiler, que todavía no estaba ni buscado. Rechacé las consultas, lo cual molestó bastante a los huéspedes, y eliminé el anuncio para que no entrasen más reservas. El anuncio en total no llegó a estar publicado ni un día, pero me demostró que mi plan podía funcionar, así que me puse como loco a buscar un apartamento. Una semana después, curiosamente el apartamento que conseguí alquilar se parecía bastante al anuncio de mentira que había publicado antes.

Este truco es de mucha utilidad en muchas ocasiones. Por ejemplo, si te estás planteando comprar una casa en una zona determinada para explotar en alquiler turístico. O, como el ejemplo anterior, tienes actualmente unos inquilinos que se irán dentro de poco y te gustaría ver si podría funcionar en Airbnb. Es cierto que un anuncio con fotos de mentira no te da una garantía del 100 % para que luego funcione el de verdad. La clave está en las fotos, cuanto más parecidas sean a la realidad mejor, pero es casi imprescindible que sean fotos profesionales, no valen unas fotos con el móvil (el tema de las fotos para los anuncios viene un poco más adelante), pero para el anuncio de prueba en Internet podrás encontrar lo que necesites, intenta evitar las fotos con marcas de agua como las de idealista. Otro caso, es una casa que está para reformar, ahí tienes que buscar unas fotos de cómo te gustaría que quede una vez que esté reformada, incluso si funciona el anuncio de prueba luego puedes pedir que la reformen igual que en las fotos que pusiste de Internet.

Lo recomendable es tener publicado el anuncio de prueba, solo hasta que se vea que funciona, que empiezan a entrar reservas al precio que quieres, porque básicamente es para comprobar que hay demanda. Si el anuncio de prueba está publicado una semana entera y no recibe ninguna consulta o reserva, entonces tienes que estudiar las causas. Puede deberse a la estacionalidad, hay zonas que solo funcionan unos meses al año, esto ocurre en las zonas costeras o de veraneo. También puede ser que directamente la zona no tiene demanda o que la casa que intentas alquilar no se ve bonita, no gusta a los huéspedes o directamente es horrible.

Las reservas que entren en un anuncio de prueba no pueden considerarse para realizar una estimación de la ocupación ni tampoco para estimar ingresos, no son una muestra lo suficientemente grande para considerarse representativa y tampoco tiene opiniones ni el posicionamiento que se consigue con el tiempo.

Para obtener datos y estadísticas más precisas puedes utilizar AirDNA. Eligiendo la ciudad e incluso el barrio y la zona, te muestra el número de anuncios y sus características, la ocupación, los más reservados de la zona, tipos de perfiles, zonas con mayor ocupación, etc. Por ejemplo, algunos datos generales que nos proporciona AirDNA sobre Madrid:

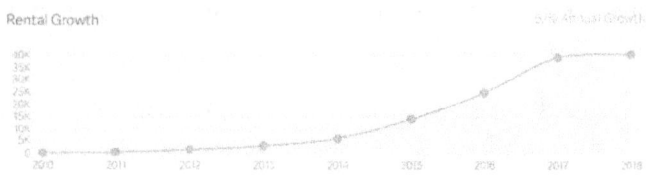

Muestra el crecimiento espectacular que ha tenido Airbnb en cuanto a número de propiedades publicadas en Madrid, entre 2016 y 2017 prácticamente se duplicó.

Los anuncios publicados son un 65% casas enteras y un 34% habitaciones privadas.

Entre las casas enteras, predominan los apartamentos de una habitación, con más de 4.000 apartamentos.

Aunque AirDNA proporciona información muy útil, es una información estadística que nos puede ayudar a elegir la ciudad o el barrio con mayor ocupación, pero esto no garantiza que el anuncio pueda funcionar, por ello, no hay nada mejor que el anuncio de prueba, que además es gratis, a diferencia de

AirDNA que cuesta 120 dólares el informe completo de una ciudad con información detallada sobre las mejores zonas, los barrios, la rentabilidad y los precios.

## 2. Coñazo legal

No importa en qué parte del mundo estés, es muy probable que el alquiler por noches de una vivienda esté regulado por alguna ley, lo que es totalmente lógico y comprensible, el problema surge cuando ves cómo está regulado de forma poco clara y sin sentido.

En España, por ejemplo, la Constitución Española, en el art. 150, transfiere competencias a las CC.AA., y, por otro lado, la Ley de Arrendamientos Urbanos 29/1994 con la reforma de esta Ley en 2013, en el art. 5 e) excluyó de la misma las cesiones temporales de una vivienda amueblada, comercializada o promocionada en canales de oferta turística, realizada con finalidad lucrativa, sometidas a régimen específico derivado de "normativa sectorial". Conclusión, cada comunidad autónoma puede regular como le parezca y esto es justamente lo que han hecho. Ello ha dado lugar a la aprobación de cientos de normas, Decretos, Ordenanzas para regular esta actividad. No voy a analizar cómo está regulada cada comunidad porque es un auténtico coñazo, si quieres ver qué decreto o ley te corresponde por comunidad puedes buscarlo en google fácilmente.

Dado que Airbnb actualmente no exige un número de licencia para publicar un anuncio, hay muchos que se saltan los temas legales y piensan que no hace falta nada.

*Ignorantia juris non excusat* (del latín, 'la ignorancia no exime del cumplimiento de la ley'). Es cierto que ahora mismo no son frecuentes las inspecciones y los huéspedes tampoco te van a preguntar por la legalidad de tu vivienda turística. Pero, si algún día tienes un problema con los vecinos y te denuncian, prepárate para recibir una buena sanción. No es solo la inseguridad de que algún día te denuncien, a largo plazo seguro que se intensificarán las inspecciones y Airbnb exigirá de forma obligatoria un número de registro o licencia, como ya está ocurriendo en algunas zonas. Y lo que es peor, en algunas ciudades como en Barcelona ya no se conceden más licencias de viviendas de uso turístico.

Antes de empezar con la activad es mejor que empieces por todos los trámites para obtener una licencia de uso turístico o, incluso, saber si la propiedad podría cumplir todos los requisitos para obtenerla. Si estás pensando en empezar sin licencia y después tramitarla, una vez que compruebes que funciona tu anuncio, es obvio que puedes hacerlo bajo tu propia responsabilidad. Pero el problema con esto es que al final te pille el toro y ya no se concedan más licencias o, peor aún, que te caiga una inspección. Como he dicho antes yo empecé de forma medio ilegal, pero no te recomiendo que sigas mis pasos, si quieres dormir tranquilo realiza todos los trámites una vez que hayas comprobado que tu apartamento sería viable con el anuncio de prueba o de forma estadística por la zona.

Una vez que hayas tramitado todo el papeleo y ya tengas tu licencia, antes de recibir a los primeros huéspedes, tienes que dar de alta tu vivienda vacacional en el Registro de la Policía. ¿Para qué tienes que hacer eso? Igual que ocurre cuando llegas a un hotel y tienes que facilitar tu documentación, lo mismo sucede cuando vas a un apartamento turístico. Conforme exige la Ley Orgánica de Protección de la Seguridad Ciudadana, es obligatorio el registro de todos los huéspedes que se alojen en una vivienda turística.

Ten en cuenta que para dar de alta el alojamiento en la policía, tienes que solicitar una cita en la comisaría del distrito donde esté ubicada la vivienda. Te darán un número de usuario y contraseña, y con esa información te tendrás que meter en la página de la policía para introducir los datos de los huéspedes cada vez que lleguen. Te anticipo que este procedimiento es otro coñazo, existen algunas apps para facilitar el proceso como Clizzz, aunque cuesta 110 € al año.

Por último, para ser del todo legal, tienes que poner en el apartamento la típica hoja de: "Existen hojas de reclamación" y, además de ponerla, deberías dejar algunas hojas de reclamación, por si a alguien le da por poner una.

Con estos tres pasos, ya tendrías legalizada tu vivienda y lista para recibir huéspedes.

Si la regulación para viviendas de uso turístico es mala, es todavía peor la regulación de habitaciones. En primer lugar el alquiler por habitaciones está regulado por el código civil y tiene muchas diferencias respecto al alquiler de viviendas completas. Sin embargo, las comunidades han tomado la iniciativa de incluir directamente prohibiciones al alquiler de habitaciones por noches, solo hay siete comunidades que permiten el alquiler de habitaciones por noches (Andalucía, Castilla-La Mancha, Comunidad Valenciana, País Vasco, Extremadura, Murcia y Navarra). Otras establecen limitaciones temporales de 3 o 4 meses, pero no permiten obtener una licencia ni nada parecido, en su mayoría se quedan en un limbo legal que se podría considerar alegal. Las comunidades quieren evitar que se alquilen todas las habitaciones de una casa como si fuese un hostal, pero sería tan sencillo de regular como establecer en la ley un requisito que exija al anfitrión que la habitación que alquila se encuentre en su residencia habitual. De todos modos, mientras regulan esto, yo sinceramente si alquilara solo una habitación no me preocuparía por la regulación, a no ser que metas 4 literas y la llenes de guiris. Pero si vas a poner una habitación normal para una o dos personas, es el concepto original de Airbnb y se trata de economía colaborativa pura y dura. Las administraciones están demasiado ocupadas como para ponerse a inspeccionar habitaciones, yo no me preocuparía por ello. De todas formas siempre es conveniente que consultes con el ayuntamiento o con turismo, para conocer las posibles implicaciones legales. Lo lógico es que se acabe regulando como en otras ciudades europeas para que el "home sharing" sea una actividad legal y no se quede en un limbo de alegalidad como si fuese prostitución.

## 3. Básicos imprescindibles

Si ya has tramitado tu licencia o por lo menos lo tienes en mente, ahora toca publicarlo de verdad con todos los detalles, pero ¿está preparado tu apartamento para ello? ¿Sabes todo lo que necesita un apartamento turístico? Básicamente tiene que estar listo para entrar a vivir sin que el huésped tenga que comprar nada. Es decir, tiene que estar amueblado con todo lo básico (mobiliario, electrodomésticos, menaje, etc.). A modo de *checklist* te dejo una lista de todo lo imprescindible:

Salón, zona de estar, salón-comedor:

- Sofá (preferiblemente sofá-cama)
- Televisión
- Mesa de comedor con sillas

# CÓMO PETARLO EN AIRBNB

Cocina completa:

- Microondas
- Cubertería (tenedores, cuchillos, cucharas…)
- Utensilios para cocinar (espátula, cucharón…)
- Vajilla completa (platos, boles y fuentes)
- Cristalería y cerámica (vasos, copas y tazas)
- Cazuela de tamaño medio y cazo pequeño
- Juego de sartenes.
- Colador para pasta.
- Tabla de cortar y un buen cuchillo
- Una cafetera (clásica italiana)
- Mantelería (mantel grande o manteles individuales)

Dormitorio:

- Armario o perchero
- Juegos de sábanas (encimera, bajera, fundas de almohada)
- Protector de colchón
- Lamparitas de lectura
- Edredón nórdico con funda
- Almohadas
- Colcha fina para verano
- Plancha de ropa con mini tabla
- 12 perchas

Baño:

- Toallas de baño, toallas de mano y alfombrilla de ducha
- Escobilla de WC
- Dispensadores de jabón de manos y champú
- Secador de pelo

Con todo esto y una buena conexión Wi-Fi, ya tendrías un apartamento listo con lo imprescindible para ponerlo en Airbnb. Claro que no todos los huéspedes van a utilizarlo todo, pero si ofertamos un piso con cocina tiene que tener lo básico, para por lo menos hacerte unos macarrones. Yo siempre recomiendo añadir algún elemento más que consideramos muy recomendable:

- Horno (acuérdate de añadir unas manoplas)
- Lavavajillas
- Hervidor de agua (la mayoría de guiris toman té)
- Tostador
- Exprimidor
- Adaptadores de enchufes internacionales
- Detector de monóxido de carbono
- Un espejo grande

Estos elementos son orientativos, de modo que pueden variar en función del tipo de alojamiento, el clima o la cultura. El apartamento tiene que estar equipado, pero tampoco es necesario pasarse comprando cosas que no usará nadie, por ello, lo más importante es escuchar a tus huéspedes y adaptarse a sus necesidades.

## 4. Decoración y reformas

Estarás pensando que este punto debería ir antes de comprar el menaje y los muebles, sí, lo sé, pero este apartado es para aquellos que de verdad quieren tener un anuncio que destaque sobre el resto.

La reforma no es siempre necesaria, salvo que la propiedad esté en un estado inhabitable. Por ejemplo, si tienes un piso de los 80 con paredes de gotelé, puertas de madera antiguas y un baño de aspecto rancio. Pero si el estado es bueno y se ve muy bien, no es necesario que te metas en reformas. Puedes alisar las paredes, pintar, cambiar las puertas y los saneamientos del baño por unos más modernos. Con este cambio y una buena decoración se conseguiría un buen lavado de cara que sería más que suficiente para el alquiler turístico.

Si no te queda más remedio que reformarlo todo, no te limites a hacer lo mismo que hacen todos los demás e intenta hacer un proyecto espectacular, sin gastarte una fortuna en florituras, pero si es posible un diseño original mucho mejor para diferenciarte de la competencia. Uno de los aspectos más importantes que debes tener en cuenta es la distribución, ya que, como has visto antes, la rentabilidad está relacionada directamente con la capacidad de huéspedes que puedes alojar en el piso, por lo tanto, cuantas más habitaciones puedas hacer más rentable será, pero no pienses en construir un zulo de habitaciones con literas… tiene que ser agradable y bonito. De la única parte que puedes sacrificar unos metros es del comedor o salón comedor, ya que, como he dicho antes, la mayoría no comen dentro del apartamento y siempre se puede poner una mesa plegable o extensible con unas sillas de diseño apilables. Otro aspecto que hay que considerar si planeas una capacidad superior a 4 personas, es el número de baños, si el apartamento cuenta con 2 baños será más atractivo para los potenciales huéspedes.

Antes de embarcarte en el proyecto de reforma, es conveniente que tengas planeada la decoración y mobiliario, para que después todo encaje y se ejecute según lo previsto.

En referencia a la decoración, no me refiero a ir a Ikea, comprar 4 muebles y ponerle dos cuadritos a la pared, eso lo hace cualquiera. Es increíble ver cómo todo el mundo compra la misma mesita para el sofá, de los pisos que hemos gestionado por lo menos 6 tienen la misma. Por no hablar del sofá, el mismo sofá en 11 pisos, de diferentes colores, pero es exactamente el mismo. Esto no quiere decir que estos apartamentos no funcionen, de hecho, la mayoría funcionan bien, son pisos funcionales con todo lo necesario para una buena estancia. Sin embargo, si queremos que el anuncio sea más visual, más reservado y con mayores ingresos, entonces tenemos que decorarlo de verdad.

Es fundamental definir y elegir el estilo de decoración que quieres conseguir. Esto depende mucho de las características del apartamento o de la reforma que quieras realizar. Por ejemplo, si las paredes tienen ladrillos vistos estaría bien realizar una decoración industrial, además te ahorras un dinero en reformas y lo puedes dejar todo a la vista, desde ladrillos y vigas de metal, hasta tuberías. Pero como esto no es un libro de decoración, no voy a entrar en detalles específicos, si no tienes ni idea de decoración te recomiendo que te formes primero. No cometas el típico error de comprar un mueble de cada estilo o de pillar lo más barato de Ikea. Busca en Google una guía sobre decoración, pide ayuda a alguien que le guste o incluso contrata a un decorador.

El estilo por el que te decantes para decorar debería depender de las características físicas del inmueble y del público al que quieras enfocar el anuncio. Es importante no pasarse con la decoración, no llenes las estanterías de cosas ni compres mil cachivaches. Cuanto más funcional, mejor. Los estilos: Nórdico, Industrial y Bohemio son los que mejor se adaptan para un apartamento turístico, ya que se basan en espacios libres y funcionales. La funcionalidad también ayuda para que limpien el apartamento en menos tiempo, este es un factor muy importante que a largo plazo puede ahorrarte mucho dinero.

No hay que gastarse una fortuna, lo fundamental es que todo tenga una consistencia, que se aprecie que se han cuidado los detalles. Como uno de los pisos que gestionábamos, de estilo Retro/vintage con muebles antiguos y restaurados por el propio propietario, la inversión es mínima, pero funcionaba igual o incluso mejor que los pisos decorados de Ikea. A todo el mundo le gustan las cosas cuidadas. Un aspecto que cada vez valoran mas huéspedes es la unicidad de la propia casa, si es una casa única, que incluso parece la casa donde tu vives o no solo lo parece, sino que lo es. Esto es un valor diferencial muy valioso para huéspedes potenciales. Para conseguir que la propiedad parezca tu casa y no solo un negocio pensado para explotar económicamente, tienes que hacer mas hincapié en los detalles mas personales, como pueden ser unos libros en las estanterías, unas fotos, unos elementos decorativos especiales.

Aunque la oferta de apartamentos aumenta rápido, es probable que ahora mismo en tu ciudad cualquier anuncio todavía funcione, pero a largo plazo, a medida que crezca más la oferta, hay que diferenciarse. Si tienes que reformarlo y amueblarlo entero lo mejor sería que lo hicieras bien desde el principio. Por otro lado, si ya está amueblado y quieres ponerlo en funcionamiento lo antes posible sin invertir casi nada, te recomendaría por lo menos comprar cuadros, cortinas, cojines, sábanas y fundas de edredón del mismo estilo. Estos elementos ocupan mucho espacio visual y pueden hacer un apaño para darle una buena imagen.

**Unos Consejos de decoración**

Si vas a Ikea, no compres el sofá FRIHETEN, ni la mesita LACK. Estos dos "elementos" están en todos lados. La mesita visualmente está bien, pero la calidad es una auténtica mierda y se nota. En cuanto al sofá, es el sofá cama más económico, la calidad no es mala, de hecho está bien, por lo tanto si no te queda más remedio que comprarlo, puedes hacerlo. Casi todos compran el mismo sofá porque siempre recomiendo comprar un sofá cama (siempre que tengas espacio para ello), al tener un sofá cama puedes cobrar un extra a los huéspedes adicionales y por lo tanto la rentabilidad.

No hay que volverse loco con las marcas y la última tecnología, no te empeñes en equipar toda la cocina con electrodomésticos de la gama más alta, realmente es la parte de la casa que menos utilizan.

La calidad media para los muebles es la ideal, la gama media de Ikea, Maison du Monde o incluso webs que tengan liquidaciones de muebles de diseño de temporadas anteriores o promociones. Como has visto antes, en la mayoría de estancias los huéspedes solo vienen a dormir y ducharse. Por lo tanto, en el único sitio donde es recomendable invertir un poco más es justamente en la cama. Una buena cama se nota y se agradece. Todo el mundo sabe a qué vienen la mayoría de parejas que alquilan un apartamento turístico ;) y la cama tiene que estar preparada para ello. En una ocasión, entorno a las 12 de la noche me llamaron unos huéspedes diciendo que estaban durmiendo tranquilamente y de repente se rompió el somier, de tal forma que no podían seguir durmiendo en la cama y tenían que poner el colchón en el suelo, todo esto me lo dijeron con un mosqueo increíble, en parte comprensible porque a nadie le gusta un *coitus interruptus*. Realmente no tengo pruebas para saber a ciencia cierta qué ocurrió, aunque me apuesto lo que quieras, a que no estarían durmiendo tranquilamente como me dijeron. Al día siguiente cuando fui a verlo, el somier estaba roto por la estructura metálica, para romper esa parte tenían que haberle dado muy duro, con alguna postura muy salvaje. Es verdad que el somier era de una calidad muy mala, de hecho toda la cama era de una calidad bastante mala y casi siempre tenían quejas los huéspedes en cuanto a la comodidad. Pero el propietario no quería comprar una cama nueva hasta que se rompió. Si no quieres que te ocurra lo mismo, ya sabes, tienes que invertir en un buen somier, mejor si es un canapé (muy útil para guardar cosas debajo), un buen colchón y que no se te olviden unas buenas almohadas, mejor dos almohadas individuales antes que una grande.

Invierte en la guinda del pastel, una combinación de muebles de gama media que podría tener cualquiera, en conjunto con detalles de gama alta hacen una combinación perfecta para crear una decoración llamativa y que no parezca un catalogo de Ikea. Por ejemplo, para las lámparas de noche, en vez de comprar unas cutres lamparitas Lampan, pones unas lámparas con presencia, consigues una imagen totalmente distinta.

Llena la cama y el sofá de cojines, rellenos de cojín de diferentes tamaños y fundas de diseño (para poder lavarlas). El objetivo es llenar el espacio visual del sofá y la cama con ellos. Una cama llena de cojines bien colocados y con una mantita en el pie de la cama queda espectacular para las fotos, pero también es para la comodidad de los huéspedes, hay gente muy especial para dormir, de manera que si tienen varias opciones para apoyar la cabeza lo van agradecer. Por lo menos 4-6 cojines de distintos tamaños colocados delante de las almohadas, este detalle no lo hace casi nadie y gusta muchísimo a los huéspedes.

Otro aspecto importante son los detalles pensados para turistas, mola mucho que ciertas cosas estén pensadas especialmente para ellos, como un lugar cómodo donde guardar las maletas (un armarito especial que lo especifique), dispensadores de gel y champú en el baño (antes que dejar *amenities* pequeños que se quedan cortos casi siempre), instrucciones de la calefacción al lado del termostato... y cualquier ayuda que se te ocurra pensada para huéspedes temporales.

Funcionalidad antes que diseño, no te dejes seducir por elementos de diseño si no son nada funcionales o incluso son incomodos de usar. En un piso recién reformado teníamos un grifo peculiar en el baño, un grifo de aspecto moderno con luces, cuando se usaba se encendían las luces y salpicaba agua por todos lados, te ibas a lavar las manos y acababas salpicándolo todo, si es tu casa y vives en ella puedes limpiar el agua que se ha derramado e incluso puedes ir con cuidado cuando ya conoces cómo funciona, pero no le puedes pedir lo mismo a un huésped que viene por primera vez. El grifo siguió salpicando, afectando además a la puerta del baño que estaba al lado y se iba hinchando poco a poco. Hasta que una chica se quedó encerrada en el baño porque la puerta se atascó debido al aumento de tamaño, después la puerta no se podía cerrar, lo cual obviamente afectó mucho a las siguientes reservas porque no podían tener intimidad en el baño. Finalmente, los propietarios cambiaron el grifo por uno que no salpica.

Diferencia las habitaciones, algunos llevan el tema de la consistencia hasta un punto exagerado y decoran todas las habitaciones iguales hasta el punto que parecen las mismas; si tienes varios dormitorios no los decores exactamente igual, tienen que seguir el mismo estilo, pero no parecer idénticos. Tiene que apreciarse que son dormitorios distintos, principalmente para las fotos, que no parezca que es el mismo dormitorio en distintos ángulos.

Ahórrate cientos o incluso miles de euros comprando muebles de segunda mano, no me refiero a comprar muebles viejos para restaurarlos, que si quieres hacerlo seguro que es una buena opción también. Pero la idea que te puede ahorrar mucho dinero es comprar muebles seminuevos en portales como Wallapop o Vibbo, en los que puedes encontrar auténticas gangas (muebles nuevos, ventas urgentes, mobiliario entero a precio de risa). Principalmente te recomiendo buscar la cama y el colchón de alta gama en estas páginas, porque es lo más fácil y cualquiera que esté muy bien es válido. Al contrario, los muebles tienen que ser más específicos y seguramente más difíciles de encontrar en el estilo que se busca, aunque si tienes paciencia y tiempo puedes amueblar la casa entera.

No te pases de rácano, un propietario al que le expliqué que podía invertir poco para amueblar la casa, se pasó de poco a muy poco, dejando sensación de vacío en la casa, sobre todo en las fotos. Algunas cosas, como una televisión enana o los muebles más baratos de Ikea, no quedan nada bien y dificultan que el apartamento sea lo suficientemente atractivo. Por otra parte, si el sistema de agua caliente funciona con un termo, no compres el más pequeño del mercado, eso sí que es un verdadero fastidio para los huéspedes, nos ocurre en muchos apartamentos donde el termo solo vale para una ducha rápida como mucho. Si no te queda más remedio que poner un termo pequeño (por limitaciones de espacio) por lo menos que sea el mejor, para que se rellene muy rápido.

Compra una Smart TV, en la época en la que vivimos es casi imprescindible que la televisión tenga Netflix o HBO, pero no es necesario que tenga una pantalla curva con todos los extras. También puedes optar por instalar un Chromecast si tu tele tiene HDMI.

No seas un sosaina, una decoración minimalista está bien pero hay que añadir toques de calidez y color, no hay que abusar del blanco. No tiene que parecer algo frío y con poca personalidad. Lo bueno es que tenga algún toque de personalidad, algo diferente y si es posible que sea llamativo o incluso excéntrico, algo que quizás no tendrías en tu casa normalmente pero que te encantaría verlo, solo por el hecho de que hablen de ello, solo por este motivo puedes conseguir que reserven el apartamento, porque destaca sobre el resto y porque quieren disfrutarlo.

## 5. Múdate unos días

Tienes que ser un experto y conocerte cada rincón de la casa que vas a alquilar en Airbnb, si has estado viviendo ahí es más fácil que te lo sepas todo y puedas ayudar a futuros huéspedes.

No es imprescindible que te mudes, el objetivo real es que puedas hacer una carta de instrucciones y un manual de la casa para los huéspedes, de forma que ellos mismos puedan resolverse todas las dudas. Para ello, tienes que usar todo lo que hay en la casa, depende de cada una, pero por lo menos tienes que probar:

- Funcionamiento de la calefacción y el aire acondicionado.

- Uso de todos los electrodomésticos, principalmente: la cocina, la lavadora, el lavavajillas…

- Encender todas las luces con todos los interruptores, aunque parece una chorrada no lo es, porque muchos interruptores son conmutados o cruzados y cuando se apaga de uno no se enciende de otro, esto le ocurrió a un huésped que estaba convencido de que se había fundido la bombilla y nos reclamaba que la cambiásemos.

- Si tienes un termo de agua caliente, tienes que saber cuánto tarda en agotarse, date una ducha hasta agotarlo y cronométralo.

- Comprueba si saltan los fusibles al conectar muchas cosas a la vez.

- Si tienes un sofá cama, comprueba cómo se monta correctamente, a un sofá cama italiano normalmente no se le quitan los cojines para convertirlo en cama.

Con toda la información recopilada tienes que preparar una carta de instrucciones básica en varios idiomas (mínimo en inglés y español), solo con lo imprescindible:

- Nombre y contraseña del Wi-Fi, bien grande y en negrita.
- Cómo funciona la calefacción y el aire acondicionado.
- Cualquier aspecto importante, como el termo de agua, una cocina especial...
- Dónde, cómo y cúando pueden tirar la basura.
- Unas normas básicas de la casa (no fumar, no fiestas...).
- Un número de teléfono para emergencias.
- Otra información que consideres imprescindible.

No te enrolles demasiado, si ven un párrafo enorme no lo leerán, a la mayoría solo les interesa la clave del Wi-Fi. Para que esta carta sea duradera tienes que plastificarla.

Esta carta yo siempre la he acompañado de un mapa de la zona en el que señalo: dónde está la casa, los supermercados más cercanos, quizás restaurantes recomendados... Este mapa siempre lo consideran de gran utilidad, incluso hay alguno que se lo lleva.

Por otro lado, es recomendable hacer un manual de la casa más completo, explicando, si es posible con dibujos, cómo funciona todo, desde la lavadora, el lavavajillas hasta la caja de fusibles por si se va la luz. Este manual no lo leerá nadie habitualmente pero si llega alguien que no sabe usar la lavadora o cualquier otra cosa, lo más fácil es decirle que mire el manual donde viene explicado de forma sencilla e incluso con dibujos (si te lo curras mucho). Aunque preparar este manual parece un coñazo, te ahorrará mucho tiempo en explicaciones posteriores para los huéspedes más cortitos, incluso te puede ahorrar tener que ir allí presencialmente.

Sinceramente, yo no he llegado a preparar este manual para los pisos que gestionaba, solo lo hice para mi propio apartamento y me funcionó muy bien. Si lo hubiese hecho para todos los apartamentos me habría ahorrado mucho tiempo, porque he desperdiciado un motón de horas explicando cómo funcionan lavadoras, lavavajillas, calderas… incluso tuve que ir presencialmente en muchas ocasiones para que lo viesen porque de forma escrita no era suficiente.

## 6. Fotos

Tu casa ya está lista para una buena sesión de fotos, es aquí donde la caga mucha gente, reforman un piso, lo amueblan, lo decoran… y las fotos las hacen con el Iphone. Aunque tengas el Iphone X o el último modelo de Samsung, las fotos no tienen nada que ver con una cámara profesional con gran angular.

La parte más importante de un anuncio de Airbnb son las fotografías, ya se sabe, que compramos con los ojos y en Airbnb no iba a ser de otra forma. Las fotos y, principalmente, la foto de portada del anuncio son lo más importante.

Las fotos tienen que ser profesionales (realizadas por un profesional de verdad), no vale que llames a tu primo que tiene una Reflex, bueno, si tu primo se dedica a la fotografía de interiores, sí que vale. Tampoco sirve que hagas tú las fotos con una buena cámara con gran angular, deja trabajar a los profesionales. Busca un fotógrafo con referencias, por lo menos que te pueda enseñar las fotos que ha realizado antes, también te recomiendo utilizar unas fotos de ejemplo para enseñarle lo que quieres. Cuando busques un fotógrafo profesional, búscalo con un gran angular, no valen ojos de pez ni otros aparejos. Para mí es imprescindible que el fotógrafo tenga un gran angular, esta cuestión es muy discutida, porque hay gente que se puede quejar del tamaño real cuando lleguen, ya que, por si no lo sabes, con el gran angular los espacios se ven más grandes, porque en una misma imagen se capta más espacio. Esto ocurre principalmente si el fotógrafo se pasa con el angular porque se verán muy exageradas las fotos. Actualmente todos los fotógrafos de interiores sacan fotos con gran angular, algunos más exagerados que otros. Por lo tanto, si queremos estar a la altura de la competencia tienes que pedir fotos con gran angular, pero no exageradísimo.

La comunicación con el fotógrafo es esencial, tienes que especificarle exactamente lo que quieres y necesitas. Algunos consejos:

- Airbnb en algunas ciudades ofrece un servicio gratuito de fotografía profesional, pero no siempre está disponible y por nuestra experiencia tardaron casi un mes; puedes probar para ver la disponibilidad, si te puede salir gratis mucho mejor. Aunque ahora mismo en ciudades como Madrid el servicio lo ofrecen por unos 68 €. La tarifa de un fotógrafo suele estar entre 50-150 €, dependiendo del tamaño de la casa.

- Antes de hacer las fotos investiga un poco los anuncios de la competencia (aunque ya deberías haberlo hecho antes) para ver la foto de portada que utilizan, sobre todo para diferenciarte de ellos.

- No utilices como foto de portada la atracción turística más próxima, a no ser que la tengas justo en la ventana, por ejemplo estuve en un apartamento en Florencia que tenía literalmente el Duomo en la terraza, la foto de la vista desde la terraza era la que usaban de portada y fue la que llamó mi atención. Sin embargo, si tienes un apartamento sin vistas, aunque tengas cerca algo icónico no lo uses como portada, es probable que alguien de tu área también esté usando la misma foto, además no aporta ningún valor si no está cerca del hito turístico en cuestión.

- No te pases con los extras, algunos preparan un buen vino con copas, llenan vasos con zumo o incluso preparan la mesa con el desayuno, y le sacan fotos a todo esto. Estos detalles pueden quedar muy bien, pero el problema viene cuando dejas de hacerlo para cada huésped o directamente ya nunca lo haces, porque muchos se motivan al principio, pero después van haciendo cada vez menos. Entonces, hay un descontrol de expectativas, si los huéspedes ven fotos con una botella de vino o desayuno, y después no hay nada cuando llegan, ya empiezas mal.

- Las fotos tienen que ser principalmente de las estancias en general y algunas de los detalles, no hay que abusar de los detalles. Y aprovechando el angular pídele al fotógrafo que tome las fotos de dos estancias a la vez, por ejemplo desde la puerta del dormitorio de forma que se vea el dormitorio y el salón en la misma foto. Aunque si el fotógrafo es de los buenos lo hará sin que se lo pidas. Si el fotógrafo es muy pro, le puedes pedir que intente sacar fotos como si se viesen en primera persona, como si ya estuvieses disfrutando de la casa.

- Pídele al fotógrafo como máximo 25 fotos, de hecho lo ideal son unas 15-25, para apartamentos pequeños con 15 es más que suficiente. Todas tienen que ser de formato horizontal, ya que es el que mejor encaja en Airbnb.

- Tienes que ser muy crítico con el resultado, si las fotos no son espectaculares, no valen, obviamente dentro de las posibilidades que tenga tu casa, pero no admitas unas fotos con filtros raros o malos enfoques.

- Cuando ya estén subidas, es muy importante ordenarlas para que la foto de portada sea la mejor y más llamativa, las siguientes 6 fotos deberían ser una por cada estancia, para que se pueda ver rápidamente toda la casa sin necesidad de ver las 25 fotos.

La diferencia entre unas fotos profesionales y unas hechas con el móvil es abismal, no solo visualmente, también se nota, y mucho, en el volumen de reservas y visitas al anuncio. Por ejemplo, en mi caso con el primer apartamento, empecé con unas fotos con el móvil, después un amigo con una buena cámara le sacó unas fotos (aunque la cámara no tenía gran angular, por aquellos tiempos yo no sabía ni lo que era) y, simplemente con ese cambio, la diferencia en reservas fue notable. Por último, descubrí el servicio gratuito de fotografía profesional de Airbnb, que por aquel entonces se ofrecía en Madrid (actualmente es de pago). Tardaron bastante en enviarme las fotos, pero la espera mereció la pena, a partir de entonces he tenido una ocupación superior al 80 %, con el 100 % en muchos meses. También hay que tener en cuenta que fui continuamente mejorando el servicio, conseguí ser Superhost, mejoré la decoración... Todo ayudó, pero estoy seguro que las fotos jugaron un papel muy importante.

## 7. Publícalo

Si ya lo tienes todo listo es el momento de publicar el anuncio de verdad, como he comentado antes puedes usar la cuenta que ya tuvieses para viajar, de hecho puedes seguir viajando con tu cuenta, son apartados distintos y Airbnb los separa muy bien. Si no tienes una cuenta, registrarse es muy sencillo y rápido. Igual que publicar un anuncio, publicar tu casa en Airbnb solo te llevará 5 minutos. No voy a entrar en cada detalle y chorraditas a completar, como verás es muy simple y podrás apañarte solito. Sí que voy a darte un par de pautas importantes a tener en cuenta.

**Hazte un selfie**

Nada más registrarte, como Airbnb está basado en una relación entre personas, te pedirán que subas una foto para tu perfil. Esta foto, aunque parezca mentira, influirá en la toma de decisión a la hora de reservar tu apartamento; esta afirmación no es solo mía, un estudio de la Hebrew University (nota 10) lo ha demostrado mediante un experimento controlado. El estudio consistía en comprobar si la foto de perfil del anfitrión afectaba en las reservas y al precio del anuncio, el experimento contó con 640 participantes a los que se les mostraron apartamentos de Airbnb con diferentes fotos de anfitriones. El estudio concluyó que la foto del anfitrión influye y mucho, principalmente en el nivel de confianza que transmite la persona, dado que las fotos que transmitían mayor confianza eran de anfitriones con mayores reservas. Igualmente, el estudio demostró que el atractivo físico del anfitrión también influye, aunque esto solo lo han demostrado para las mujeres. Literalmente, *"for hosts benefiting from being attractive and female"*, es decir, si eres mujer y eres atractiva... ¡Enhorabuena! Vas a tener más reservas y además puedes subir el precio.

Si tu mente pícara está pensado poner una foto de una tía buenorra de perfil, eso ya se ha hecho y no fui yo. Daniel V. Rusteen, un blogger estadounidense, cuenta una anécdota que le ocurrió en San Francisco, escogió un Airbnb en el que salía una chica espectacular, pero en el momento de la bienvenida, como te puedes imaginar, la sorpresa fue mayúscula; Daniel se encontró con un maromo, que le soltó la clásica excusa de "justamente la señorita buenorra no podía venir". Daniel y el maromo estuvieron hablando de la señorita hasta que le contó la verdad, la foto era de una modelo, que él había puesto para conseguir más reservas. Realmente no sé si este hombre tendría más reservas con la estrategia, pero como puedes ver la desilusión de Daniel fue enorme, no es que fuese una cita, pero está claro que se trata de un problemilla de expectativas, no cumple con lo prometido. Aunque después la estancia puede ser perfecta, en la opinión pondrán la clásica mención del tipo "no llegué a conocer a la señorita...". Este tipo de opiniones se repetirán mucho y al final los potenciales huéspedes sabrán que no se la van a encontrar. Por lo tanto, esta estrategia a largo plazo no funcionará.

En cuanto al estudio, voy a ser un poco crítico, ya que se realizó de forma individual con cada uno de los participantes, por lo tanto, si ponemos casos reales, como una pareja o una familia que busca un apartamento para sus vacaciones, en esos casos casi siempre la decisión la toma la mujer y si la anfitriona está muy buena, puede ser incluso un inconveniente. Así que espero que hayas descartado ya la idea de poner una foto de una súper modelo medio desnuda.

Por lo tanto, me voy a centrar en la primera conclusión del estudio, la confianza visual es la clave. Para transmitir confianza, lo primero de todo es que se te tiene que ver claramente, no puedes salir tú con tus colegas de las cervezas, ni con toda tu familia porque los huéspedes potenciales no te reconocerán a primera vista y no saben quién eres de todos. Sí puedes salir tú solo, con tu pareja o con un niño adorable como estrategia de marketing; la clave está en transmitir confianza y además si la foto es original y llamativa siempre es un buen punto a favor. Que se te vea feliz, sonriente, viajando, divirtiéndote... Intenta evitar gafas de sol, gorros, pasamontañas...

Según mi experiencia, he probado varias fotos de perfil, sin llegar a la tía buenorra, mientras las fotos sean normales no he visto cambios significativos, por ello al final siempre ponía la misma foto en más de 30 pisos.

**Descríbelo**

En la primera parte durante la creación del anuncio, tienes que especificar el tipo de alojamiento que vas a ofrecer, el número de habitaciones, dirección... Ten cuidado con la dirección, comprueba que la escribes bien porque después no te deja cambiarla, una vez publicado.

Una vez que hayas subido las fotazas, tienes que poner una descripción. Te pedirán una descripción breve inicialmente, ahí ve al grano, pon lo que los potenciales huéspedes quieren leer, por ejemplo, un piso a tres paradas de metro del centro empezará con esa información. Si está en pleno centro, puedes especificar las distancias a las zonas más emblemáticas: a 3 minutos de Gran Vía. Es importante ir al grano y no utilizar información duplicada, no pongas que el piso es bonito o reformado, eso se aprecia en las fotos, si es que es así. La descripción siempre se lee después de ver las fotos, no añadas datos obvios que se ven en las fotos.

Para redactar una buena descripción hay que pensar como si fueses un huésped que está buscando un apartamento para sus vacaciones. Una vez seleccionadas las fechas, la ubicación y los huéspedes que sois, elegirías tu apartamento por una buena combinación de precio y fotos atractivas. Una vez encontrado el apartamento que te gusta, el siguiente paso es ver qué ofrece, ahí es donde leerías la descripción. Lo habitual es buscar que esté completamente equipado, cerca de sitios de interés o que quieres visitar, con buenas conexiones de transporte… No se puede saber que busca cada huésped exactamente, pero sé que no les interesa saber lo bonito o reformado que es el piso, necesitas que se lancen a reservar por todo lo que ofreces. Un ejemplo real de uno de nuestros anuncios:

*"Piso a estrenar con 2 habitaciones y dos baños, colchones alta gama para ofrecer el máximo confort y descanso.*

*Vistas a Casa de Campo (parque más grande de Madrid). Perfectamente comunicado con el centro, Metro Batán a 2 min de la puerta y a 3 paradas de Plaza de España.*

*Podréis pasear desde casa a Madrid Río y adentraros con un agradable paseo al Madrid de los Austrias, viviendo en un lugar privilegiado y silencioso.*

*Aparcamiento GRATUITO en la calle".*

Después de la descripción corta, Airbnb te dará la opción de añadir una descripción más larga; yo te recomendaría añadirla, para dar más detalles. Todo lo que pueda aportar valor lo debes poner: el estilo de decoración, el gramaje de las toallas, las sábanas de algodón orgánico, las marcas de los electrodomésticos, detalles sobre el barrio, los transportes… Una vez más, ve al grano, no le des tanta importancia a la prosa.

Las descripciones no son para siempre, te recomiendo actualizarlas cada cierto tiempo, incluyendo el *feedback* que vayas recibiendo de los huéspedes y las respuestas a las preguntas más frecuentes que te hagan. Si todo el mundo te pregunta cuánto tiempo tarda el metro desde el aeropuerto, ponlo directamente en la descripción. A largo plazo deberías hacer la descripción larga como una FAQ (respuesta a preguntas frecuentes), esencialmente para ahorrarte tiempo en responderlas. Aunque te aviso que no todo el mundo se molesta en leer las descripciones, de hecho es habitual recibir preguntas que están respondidas en la descripción, algunos se convencen solo con las fotos y no les interesa leer nada.

**Bautízalo**

Tienes que elegir un buen título para tu anuncio, la mayoría de gente le da poca importancia a este aspecto y pone cualquier chorrada, no cometas el mismo error, porque el título junto con las fotos es lo primero que verán los huéspedes. Por lo tanto, tienes que currártelo un poco. Las claves:

- No te pases con los adjetivos, de hecho, mejor no poner adjetivos, es muy típico el de: *"Bonito apartamento en la Latina"*, pero si es bonito de verdad lo verán en las fotos, no se lo pongas tú.

- Ni se te ocurra poner el número de camas, eso ya aparece en las características y, además, ya habrán filtrado la búsqueda por el número de huéspedes que son.

- No pongas el barrio como principal ni la atracción turística cercana, a no ser que estén justo en la puerta. El piso que gestionábamos en Chueca se encuentra en plena Plaza de Chueca y se llama: *"Apartamento en plena plaza de Chueca :)"*. Si eres el primero del barrio, sí que puedes poner el barrio pero lo habitual es que ya haya 20 con el barrio como título.

- Dale alegría, añade algún emoticono, un corazón para decir que está en el corazón de la ciudad o una cara sonriente al final del título. Es una forma de diferenciarse de la competencia, usa la imaginación.

- Para determinados eventos importantes puedes poner el nombre del evento en el título, el año pasado fue recurrente para el World Pride Madrid.

- Si tienes un apartamento que ofreces a un precio económico o en oferta, ponlo al principio del título: OFFER: ✯ APT ♥ MAD + PARKING.

- Si tienes un lugar único en el que se puede vivir una experiencia, úsala para el título: *"Bajo las estrellas"*, *"En un paraíso tropical"*.

## Ponle Precio

Este punto es el más importante de todos, lo va a determinar todo, ya que por muy bonitas que sean las fotos, si le pones un precio desorbitado a tu apartamento, te lo vas a comer con patatas. Necesitas buscar el famoso precio de equilibrio entre oferta y demanda, el precio perfecto que te permita ganar dinero y tener una alta ocupación.

Como habrás estudiado a la competencia de tu zona, sabrás qué precio tiene que rondar la noche. Necesitas por lo menos un precio medio de 10 apartamentos similares al tuyo para establecer un precio. Lo ideal es empezar con un precio más bajo que el de tu competencia, entorno a un 10 % inferior. De hecho, ahora mismo, Airbnb ofrece establecer un descuento para las tres primeras reservas cuando estás publicando el anuncio por primera vez, yo he utilizado esta opción y funciona de maravilla para empezar a atraer huéspedes nada más publicarlo, porque esta oferta Airbnb la promociona de manera especial y te sitúa en los primeros resultados mostrando que estás de oferta. Después de esta oferta para empezar la primera semana o el primer mes, tienes que actualizar el precio, de hecho, desde el principio tienes que optimizar el precio, para que no te pille el toro con el siguiente mes y sobre todo con las fechas importantes como fiestas nacionales, puentes, fiestas locales… Para las fiestas con mayor afluencia, hay que subir los precios sin miedo y bajar el precio paulatinamente a medida que se acerquen las fechas, por ejemplo, puedes empezar con un precio del doble o el triple al precio habitual, yo ponía un precio de 300 € a un piso donde la noche cuesta 100 € normalmente, en mi caso se acabó alquilando por 280 €. Estas fechas siempre están aseguradas, incluso con reservas de última hora, mientras no se ponga un precio totalmente desorbitado.

En cualquier caso, nunca te recomiendo mantener un precio fijo, los fines de semana (viernes y sábado) tienen que ser más caros, son los días más demandados. Los domingos al contrario tienen que ser más baratos, hay muchísimos factores que pueden afectar al precio pero el principal es la estacionalidad, busca la ocupación hotelera anual de tu ciudad y establece los precios según la misma, subiendo los precios en la época de mayor demanda y bajándolos en los peores meses. Es importante que estés muy pendiente del precio los primeros meses hasta encontrar el precio óptimo. Si empiezas muy bien con muchas reservas puedes ir probando a subir el precio poco a poco o al contrario, si no tienes reservas.

Cuando vayas a establecer un precio base, Airbnb te hará una recomendación supuestamente basada en estadísticas y demás, pero te aviso que sus recomendaciones sirven de muy poco. Lo mismo ocurre con su calendario donde vienen reflejados los precios pues siempre intentan bajar los precios con recomendaciones de precios inferiores, no importa que por la mañana te recomienden ponerlo a 60 €, si no lo has alquilado por la tarde te recomendarán ponerlo a 58 €, así continuamente. Más adelante verás una herramienta que permite automatizar los precios.

Desde mi experiencia, la estrategia que mejor nos ha funcionado es una estrategia de volumen, con una alta ocupación a precios medios. Aprovechando al máximo la capacidad de la casa, si la casa tiene 2 habitaciones y un sofá cama, el precio que ponemos para los huéspedes extra es bastante bajo para conseguir siempre reservas con mayor numero de huéspedes y mayor facturación, no nos interesa tener el sofá cama vacío. Incluso puedes no cobrar por los huéspedes extra, para atraer siempre el mayor volumen posible.

Aunque esta estrategia no funciona igual para todos las casas, las características de la casa definen la estrategia que se debería seguir, una casa de diseño y con una calidad superior requiere unos precios superiores y no se puede aplicar una estrategia de volumen y ocupación tan alta, aunque siempre se puede bajar el precio a ultima hora y conseguir una alta ocupación. Personalmente nunca me ha gustado tener una casa vacía, fuese de las características que fuese, casi siempre bajaba los precios y conseguía llenarla. En los últimos meses, Airbnb lanzó una opción muy útil para bajar los precios de última hora de forma automática, si quieres llenarlo de verdad deberías establecer este precio con el mínimo rentable.

En cuanto a la antelación con la que recibes reservas, hay un mito, por lo menos desde mi punto de vista, si recibes reservas con mucha antelación, por ejemplo con 2 meses de antelación, algunos dirán que el precio que estas poniendo es muy barato, por eso tienes reservas con tanta antelación. Aunque yo discrepo con esta afirmación, si el precio al que están entrando reservas cumplen tus expectativas y te ofrece una buena rentabilidad, entonces yo te diría que has encontrado el precio perfecto de equilibrio. Si recibes bastantes reservas en tu apartamento con mucha antelación es porque esta muy posicionado, es probable que también puedas subir ligeramente los precios por ello, pero no te pases subiéndolos, deberías ir probando poco a poco. La antelación de reservas media para Madrid es de 59 días según AirDNA, por lo tanto, no debes preocuparte por si recibes reservas con bastante antelación, al contrario debes saber que estas haciendo un buen trabajo.

En la sección precios, también tendrás que elegir los descuentos semanales y mensuales, establece los descuentos que te convengan. Si no quieres ofrecerlos tienes que poner un 1 %.

Por otro lado, si quieres puedes especificar los precios para los huéspedes extra, no es lo mismo que entren 2 o 6 huéspedes, puedes cobrarles extra por noche y persona, nosotros depende del piso establecemos un precio de entre 6-12 € por huésped/noche extra a partir del segundo huésped.

Lo mismo ocurre con los gastos de limpieza, te recomiendo cobrar gastos de limpieza desde el principio. Esta es la clásica duda que surge cuando publicas un anuncio, bueno esta duda nos ha surgido a todos inclusive los que tienen puesto el anuncio durante años y no tenían gastos de limpieza. Muchos no los ponen porque piensan que los huéspedes dejarán el piso más sucio. Te puedo asegurar que eso es un mito o una falsa creencia. Hemos tenido pisos sin gastos de limpieza donde los huéspedes han sido muy sucios y otros huéspedes que no, realmente depende al 100 % del tipo de persona. Como en todo hay gente más aseada y cuidadosa que otros. Entonces, sabiendo que no van a dejar el piso más sucio por poner gastos de limpieza ¿tienes que poner gastos de limpieza? Por si no lo sabes, los gastos de limpieza se pagan una sola vez al inicio de la reserva, es decir, si el precio de la noche es de 65 € y un huésped hace la reserva de dos noches para 130 € más gastos de limpieza como 20 o 30 €. Es un pequeño extra que viene muy bien para cubrir obviamente los gastos de limpieza. En los pisos que hemos puesto gastos de limpieza siempre hemos visto un aumento de facturación, ¡ojo! un ligero aumento. ¿Cuánto tienes que poner de gastos de limpieza? Lo normal es poner una cifra razonable con los gastos reales del coste de limpieza y los productos que se les deja (jabón, champú, gel...) u otros extras que se dejen para los huéspedes. Si el piso es pequeño y pueden tenerlo listo en una hora, entonces con poner 15-20 € es razonable. Lo que no es normal, es encontrar pisos con gastos de limpieza de 90 € para un apartamento pequeño, ese precio solo sería válido para pisazos. Como usuario de Airbnb me da mucha rabia pagar esas cantidades en concepto de gastos de limpieza para un apartamento enano, me parece excesivo. Pero si tú quieres utilizar esta estrategia para aumentar la facturación, allá tú, yo no reservaría tu apartamento.

Ya para acabar, el famoso depósito de seguridad que se suele pedir como garantía cuando vas a un apartamento, en Airbnb no vale para nada, puedes ponerlo en el anuncio de la cantidad que quieras, pero lo único que vas a conseguir son preguntitas de los huéspedes sobre el depósito: ¿cómo funciona el depósito?, ¿luego no me lo devuelves?, ¿cuándo me lo vas a devolver?... preguntas totalmente inútiles que solo sirven para perder tiempo y reservas. Me explico, el depósito de seguridad de Airbnb no se les cobra a los huéspedes, el huésped solo paga el precio de la noche y las comisiones. Entonces, cuando acabe la reserva, si han roto algo y directamente no te lo abonan, llega el momento de poner una reclamación en Airbnb solicitando dinero a los huéspedes (más adelante explico cómo hacerlo exactamente), si el huésped acepta y paga la cantidad solicitada lo recibes directamente en la cuenta, pero si el huésped no paga tienes que pedir la mediación de Airbnb, este procedimiento es el mismo tanto si tienes depósito de seguridad como si no lo tienes. Entonces para facilitar las cosas mejor no pedirlo. No te preocupes por los daños, porque no son nada comunes y además todos los anfitriones cuentan con la garantía de Airbnb que cubre hasta 800.000 € en daños que puedan causar los huéspedes, luego verás en profundidad cómo funciona.

En Resumen:

1. Empieza con un precio inferior al de tu competencia, por lo menos un 10 % inferior, solo durante las primeras semanas.

2. Establece un intervalo de precios en los que fluctuará la noche en función de la estacionalidad.

3. Sube el precio de los fines de semana un 30 % respecto al precio base.

4. Desde el principio optimiza los precios de los días festivos, subiendo los precios hasta el doble o el triple.

5. Configura las tarifas de gastos de limpieza de forma razonable.

6. No pidas fianza.

**Establece una estancia mínima**

Por si no lo sabías, Airbnb nos deja establecer una estancia mínima, puede ser un día, pueden ser 5 o los que tú quieras. Esto va a depender directamente del tiempo que quieras dedicarte a gestionar las entradas, limpiezas, comunicaciones...

Nosotros solíamos trabajar con estancias mínimas de 3 o 2 días, dependiendo de las características de cada casa, las estancias medias que conseguíamos eran de 3,5 días. Siguiendo esta estrategia conseguíamos una ocupación media del 80 %, aunque en realidad es una ocupación del 90 % porque muchos huecos son de un día solo y no trabajamos reservas de una sola noche.

La estancia mínima se puede modificar en períodos seleccionados, por ejemplo puede ser que tengas una estancia mínima de 3 noches y ha quedado un hueco en el calendario de 2 noches, para poder llenar ese hueco simplemente hay que seleccionar las fechas y establecer una estancia mínima de dos noches. Y se puede hacer lo contrario para un hueco más grande de 4 noches por ejemplo, si queremos que reserven esas 4 noches seguidas hay que poner una estancia mínima de 4 noches. Las estancias mínimas dan mucho juego y puedes probar muchas cosas diferentes.

He probado bastantes estrategias distintas de ocupaciones mínimas, pero la que mejor nos ha funcionado es la estancia de 3 días mínima y estar atento al calendario para establecer 2 días en los huecos o en las fechas especiales, sobre todo desde el punto de vista empresarial. Porque a nivel particular cuando tenía solo mi apartamento, alquilaba noches sueltas al precio que fuese, es cierto que en esa época necesitaba ingresos como fuera y tenía tiempo para limpiar y recibir a cualquier hora. A final de mes consigues mayor facturación, pero a largo plazo es agotador y mirando la relación entre tiempo y dinero, no sale rentable alquilarlo una sola noche, por todo el tiempo que requiere, al menos en mi caso.

Si quieres trabajar menos, puedes establecer una estancia mínima de 5-7 días, en las ciudades grandes con suficiente afluencia puede funcionar bien.

Define tu propia estrategia, pero ten en cuenta siempre los costes asociados, no solo económicos, también de tu propio tiempo para gestionar las reservas.

**El peloteo**

Si quieres llevarte bien con nuestro amigo Airbnb, tienes que hacerle la pelota, principalmente si quieres destacar sobre los demás y para que Airbnb te mire con buenos ojos, tienes que hacer todo lo que le gusta:

- Seguridad: botiquín, extintor, detector de humo… tú dile que tienes de todo, aunque es mejor si lo tienes de verdad.

- Cancelación: tu política de cancelación tiene que ser flexible, no te imaginas cómo le gusta eso a Airbnb.

- Las reservas: activa las reservas inmediatas y no excluyas al público, existe la opción de admitir solo usuarios que ya tengan evaluaciones anteriores, esto no te beneficiará en nada, además muchos usuarios son nuevos y no han viajado antes en Airbnb.

- Completa tu perfil: verifica tu identidad, tu Facebook, tu e-mail, todo lo que tengas.

- Añade una descripción sobre ti, a algunos huéspedes les encanta saber sobre el anfitrión.

- Horario nocturno: Admite entradas nocturnas, lo lógico es cobrar un extra, nosotros cobrábamos 20 € en efectivo después de las 22 horas.

- Calendario: abre tu calendario al máximo, unos 12 meses o más. También puedes eliminar la restricción de estancia máxima.

- Admite niños y bebés: Airbnb te ofrece la posibilidad de excluirlos poniendo que no es adecuado para niños, pero ni se te ocurra marcar esa opción.

- Admite animales: este punto es muy delicado, pero te puede dar muy buen resultado, no hay muchos anfitriones que los admitan y por experiencia propia no hemos tenido ningún problema con animales, además es un punto muy valorado por los huéspedes y lo agradecen mucho. En este punto, me refiero a animales domésticos y pequeños.

- Wish list: crea una lista de casas a las que te gustaría viajar e incluye la tuya propia, después compártela en Facebook.

Ya sé que son un montón de chorradas y te pueden parecer abusivas por parte de Airbnb, sin embargo te recomiendo encarecidamente que, por lo menos, cumplas las 3 primeras. No tienes que cumplirlas para siempre, solo los 30 primeros días.

Cuando publiques tu anuncio, durante los primeros 30 días, vas a aparecer como "Novedad", ya que al sistema le interesa que tu piso sea reservado, te pondrá en las primeras páginas y te recomendará, pero ten cuidado, el sistema te está probando, quieren ver cómo funciona el anuncio, si es de los buenos o no. Aquí se aplica el refrán español de "crea fama y échate a dormir". En los siguientes capítulos vas a ver cómo ganarte la fama en Airbnb.

# **Dale caña**

Una vez publicado el anuncio toca esperar a recibir la primera reserva, a veces llega muy rápido y otras veces tarda más o no llega nunca. Si has seguido todos los pasos anteriores debería ser en muy poco tiempo. Normalmente en Madrid, después de la primera noche, ya estamos recibiendo consultas o reservas directamente.

Con las primeras reservas, toca ponerse a currar para darles a los huéspedes un servicio de primera.

## **Tu primera vez**

Como todas las primeras veces, nos ponemos nerviosos, no sabemos muy bien lo que nos espera y si estaremos a la altura.

En Airbnb ocurre lo mismo, pero aquí tus tres primeras veces son las más importantes, porque son las tres primeras reservas las que van a determinar la puntuación inicial de tu anuncio, las famosas 5 estrellas que saldrán en el anuncio en miniatura, hasta que no consigas 3 evaluaciones no van a aparecer. Si solo tienes 1 o 2 evaluaciones sí que serán visibles en el anuncio completo, pero no en la miniatura. Si no te ha quedado claro del todo, lo entenderás cuando lo veas. Lo importante es entender que tus primeras 3 evaluaciones son cruciales, si consigues dos evaluaciones de 4 estrellas y una de 5, la media se queda en 4,3 puntos, lo exigido por Airbnb es 4,5 como mínimo. Además en las estrellas se verán solo 4 estrellas coloreadas de amarillo y eso, créeme, no es nada bueno. Si las primeras 3 evaluaciones no salen bien, tampoco es el fin del mundo, mientras tengas más reservas seguidas y puedas mejorar la situación rápidamente. En caso contrario, tendrás que eliminar el anuncio y volver a publicarlo.

Conseguir evaluaciones de 5 estrellas es fácil, si no cometes errores graves y no se descontrolan las expectativas. Es decir, que todo va como debería ir y el huésped no se lleva ninguna sorpresa decepcionante.

Un truco que puedes hacer cuando estás empezando, consiste en hacer una pequeña trampa, haciendo que un amigo te deje una evaluación, selecciona unas fechas, bájales el precio a un precio bajo pero no demasiado, envíale el enlace a tu amigo para que reserve y ya tendrás a tu primer huésped. Después pídele a tu amigo que te deje una súper opinión, esta es la mejor forma de empezar sobre todo si puedes hacerlo nada más publicarlo, este truco te costará la comisión de Airbnb (5 -10€) asumiendo que pagas tú la comisión que tendrá que pagar tu amigo. Utiliza este truco bajo tu propia responsabilidad, si te pilla Airbnb puede bloquearte la cuenta, yo he utilizado este truco con éxito en 3 ocasiones, actualmente ya no lo hago, aunque nunca me descubrió Airbnb.

## Comunícate

La clave de cualquier relación radica en la comunicación, en Airbnb ocurre lo mismo. Actualmente todo el mundo tiene WhatsApp, es habitual que sean los propios huéspedes quienes te contacten directamente por ese medio, aunque también puedes hacerlo tú antes, de hecho, es mejor que seas tú quien lleve las riendas de la comunicación desde el principio.

Para empezar, en cuanto reserven tu casa agradéceles por haberte elegido con un menaje como este: *"Muchas gracias por elegir mi apartamento, estaré encantado de recibiros y alojaros en mi casa, para cualquier duda que tengáis me podéis consultar".* Puedes modificarlo a tu gusto, pero considero que es importante por lo menos agradecerles a los huéspedes que hayan hecho la reserva contigo.

A los primeros huéspedes siempre les digo que son los primeros o de los primeros si son los segundos, de forma que les pido que me ayuden a mejorar, que me comenten todo el *feedback* que consideren para mejorar, e incluso les pido directamente una opinión de cinco estrellas si todo ha estado bien, para ayudarme a posicionar el anuncio. Este truquito hace sentir muy especial a los primeros huéspedes, que sean los primeros en estrenar todo y además que les pidas consejos para mejorar les encanta, a mí siempre me ha funcionado muy bien.

Para planificar la hora de llegada, por lo menos una semana antes de su llegada confirma con ellos la hora a la que llegarán, qué medio de transporte van a utilizar, si vienen en avión es conveniente pedirles el número de vuelo. Cuanta más información tengas mejor, principalmente para estimar horas de llegada y estar atento a posibles retrasos. Sabiendo toda la información, es importante qué tu les avises sobre la hora a la que les estarás esperando en el apartamento, porque puede ser que lleguen antes y al llamar al timbre se asusten porque nadie responde, aunque parezca surrealista me ha pasado esta misma situación, la gente empieza a pensar que es un timo o que se han equivocado de dirección, y algunos se ponen muy nerviosos. Dales instrucciones precisas para que sepan cómo encontrar la calle y a qué timbre llamar, algunos guiris no saben a qué timbre llamar o se lían una vez que han llegado a la calle, casi todos saben llegar solitos pero mejor prevenir y ayudarles, para que todo sea más sencillo. Si tu portal o casa es complicado o confuso, es mejor que les esperes abajo.

## Responde rápido

Los huéspedes tienen dos opciones para hacer una reserva, pueden hacer una reserva inmediata o una consulta. Si realizan una reserva inmediata, ya tendrán tu apartamento directamente reservado con la reserva confirmada. Sin embargo, si realizan una consulta, el proceso cambia. Las consultas son como su propio nombre indica, esto es, para consultar algo previo a la reserva. Estas famosas consultas tienen un relojito con una cuenta atrás de 24 horas, este relojito mide tu ratio de respuesta y la cuenta atrás se inicia en cuanto entra en la consulta, este relojito no desaparece hasta que no contestes a la consulta, dándole a preaprobar, rechazar o enviar una oferta especial. No importa si les envías un mensaje a los huéspedes, el reloj solo desaparece cuando le hayas marcado una de las opciones anteriores, de hecho, puedes no contestarles nada por mensaje y solo marcar una de las opciones y el reloj desaparecerá y el sistema entenderá que ya has contestado.

Las consultas tienen que contestarse lo antes posible, lo ideal es en menos de una hora ya que va a medir tu tiempo de respuesta y en la página, debajo de tu perfil, aparecerá el tiempo que tardes en contestar de media.

Aunque parece fácil, te aseguro que es imposible responder manualmente a todas las consultas en menos de una hora, da igual que tengas la app instalada en el móvil, que Airbnb te envíe el SMS y el e-mail de aviso, no es posible contestarlas todas en menos de una hora, a no ser que no tengas vida personal, ni un trabajo y no duermas por las noches que es cuando entran consultas de América Latina o

Australia. Cuando te levantes, tendrás tres mensajes tres e-mails y tres notificaciones de la App pidiendo que contestes cuanto antes para mantener tu ratio de respuesta.

No te estreses porque Airbnb es algo generoso con este tema, mientras la mayor parte de las consultas la respondas rápido, en menos de una hora en las estadísticas seguirá apareciendo que el tiempo de respuesta es inferior a una hora o en pocas horas. Lo que no te puedes permitir bajo ningún concepto es contestar más tarde de 24 horas, porque el relojito que lleva la cuenta en cuanto detecte esto, te enviará dos o tres mensajes avisándote que no has contestado una consulta y su algoritmo te penalizará para que no aparezcas en los primeros resultados. Después te enseñaré varias plataformas para automatizar las respuestas a las consultas, porque al final es un auténtico coñazo responderlas a todas manualmente.

Según el patrón de posicionamiento de Airbnb, si rechazas consultas entienden que no te interesa alquilar tu apartamento y el sistema de posicionamiento te podría penalizar. Por ello, debes intentar aceptarlas todas, pero que ocurre cuando entra una consulta de alguien que quiere llegar a las 3 de madruga por ejemplo, en estos casos, lo que yo hacía era preaprobar la consulta y decirles en el mensaje que lo sentía mucho pero no pueden llegar tan tarde pero sí pueden llegar en el horario habitual.

Y si alguna vez recibes una consulta de un huésped que no te trasmite seguridad, por rechazar una consulta no pasa nada pero no te recomiendo que sea una práctica habitual. Por otro lado, si te llega una consulta a la vez que entra una reserva inmediata en las mismas fechas o fechas solapadas, la consulta aparecerá como inviable, pero seguirá apareciendo el rojito y tendrás contestarla, esta vez solo tendrás la opción de rechazarla o enviar una oferta especial, en este caso yo siempre les envío una oferta especial, porque permite seleccionar otras fechas a las elegidas por los huéspedes, es decir, yo les contesto con la oferta especial eligiendo otras fechas que tenga disponibles y diciéndoles que lo siento pero no están disponibles las fechas que solicitan, pero sí que están disponibles otras fechas por si les interesan, de esta forma nunca se rechaza una consulta y le caes un poco mejor a Airbnb.

## Límpialo

El factor fundamental para ofrecer una buena experiencia es la limpieza, si tu casa no está limpia o recibes quejas constantes de limpieza ya puedes olvidarte de petarlo. Yo empecé limpiando mi propio apartamento y el de mis primeros clientes. Pero en seguida externalicé el servicio, normalmente es el servicio que se externaliza primero. Aunque yo te recomiendo, si sabes hacerlo, por lo menos limpiar tu casa en una ocasión, para conocer el proceso y poder explicárselo mejor al personal que contrates. La limpieza de un Airbnb es diferente a una limpieza normal, por lo general no estará muy sucio, porque las limpiezas son muy frecuentes y quitando excepciones los huéspedes no dejarán la casa muy sucia. Por lo tanto, es más una limpieza de mantenimiento, aunque tiene que ser un mantenimiento perfecto y todo tiene que estar impecable. A pesar de que es una limpieza relativamente fácil necesitas personal que trabaje muy bien y sin fallos ni despistes, para conseguirlo tienes que ser exigente y pagar bien.

Checklist de limpieza:

Nivel general

- Revisión completa de toda la casa para evaluar la situación.

- Retirar toda la basura, si la han dejado de varios días.

Dormitorio

- Empezar por quitar y guardar las sábanas, las toallas usadas, etc.

- Revisar los cajones, armarios y debajo de la cama, en busca de objetos perdidos u olvidados.

- Limpiar todas las superficies y aspirar toda la habitación.

- Preparar la cama como si fuese un hotel.

Baño

- Retirar todas las toallas y otros objetos (champú, jabón, gel, etc.).

- Aspirar todas las superficies incluidos los cajones.

- Limpiar a fondo la ducha, WC, grifo, espejo, etc.

- Secar principalmente la ducha si se ha quedado húmeda.

- Fregar todo el suelo.

- Reponer básicos (papel higiénico y jabón de manos).

- Dejar colocadas las nuevas toallas y champús.

Cocina

- Revisar todos los cajones y la nevera para retirar toda la comida abierta.

- Revisar el lavavajillas, y la vajilla si ha sido lavada también, en ocasiones puede haberse lavado mal y habría que volver a lavarla.

- Revisar y limpiar todos los grandes electrodomésticos (horno, microondas, etc.).

- Dejar impecable la vitroceramica y el resto de superficies.

- Reponer esenciales (bosas de basura, papel de cocina, lavavajillas, etc.).

Salón

- Revisar todos los armarios y cajones.

- Limpiar y aspirar todas las superficies y alfombras.

- Colocar los cojines del sofá.

- Dejar colocada y limpia la carta de instrucciones, junto con el manual de la casa.

Para acabar

- Revisar el estado general.

- Apagar luces, AC, calefacción… si procede.

- Otros detalles específicos de cada casa.

- Evita ambientadores y olores fuertes que puedan molestar a los huéspedes.

Te recomiendo crear un *checklist* específico para tu propiedad y ponerlo pegado detrás de un armario de productos de limpieza, para que el personal de limpieza lo revise siempre antes de terminar.

Debes tener una buena relación con el personal de limpieza, para transmitirles el *feedback* que vayas recibiendo, de forma que siempre vayan mejorando y no cometan los mismos errores. Y por otro lado, es bueno que felicites el buen trabajo cuando recibas opiniones positivas con buena valoración en limpieza.

El mayor quebrado de cabeza, para los que externalizan la limpieza es la gestión de las sabanas y toallas ¿quién las limpia? ¿cuándo y dónde? Esas son las cuestiones principales, la mejor opción es que todo este proceso lo realice el propio personal de limpieza, aunque no siempre es fácil encontrar a personal que quiera llevarse las sabanas y toallas usadas por los huéspedes a su casa para limpiarlas y traerlas el día de la siguiente entrada. Yo empecé lavando y secando la ropa en la propia casa entre entrada y entrada, esta solución se puede hacer mientras no tengas una alta ocupación, sin embargo, en cuanto el día de la entrada y la salida coincidan, no hay tiempo para lavadoras y menos todavía para secarlo. Entonces, la mejor opción es lavar y secar fuera de la propiedad, por suerte yo inicialmente encontré una chica de la limpieza que accedió a llevarse toda la ropa a su casa, para lavarla y traerla de nuevo para la siguiente entrada, obviamente cobraba por ello, la logística la realizaba con una maleta de viaje que usaba para transportar la sabanas y toallas. Una vez que la empresa empezó a crecer, la chica ya no tenia mas espacio en su casa para mas ropa y no daba abasto para lavarla toda, tuve que buscar una solución intermedia mediante lavadoras y secadoras de autoservicio, aunque el resultado no era muy bueno, porque salían todas las sábanas arrugadas. Cuando crecimos un poco más, fue cuando empezamos con la integración de sabanas y toallas de *renting*, como si fuésemos un Hotel.

A no ser que quieras montarte un imperio de propiedades y optes por el *renting,* la mejor opción es que sea el personal de limpieza quien se encargue de la logística y limpieza de la ropa de cama y toallas.

## Todo listo

El mismo día o el anterior de la bienvenida, asegúrate personalmente de que todo esté perfecto. Revisa la limpieza, comprueba que funcioné el agua caliente, todas las bombillas, los electrodomésticos…

En el dormitorio, la cama debería estar preparada con sábanas limpias y, si es posible, planchadas (por lo menos que no parezcan masticadas por una vaca). Si es invierno, un edredón nórdico y si es verano o primavera, una colcha fina. Para emergencias, es recomendable que dejes preparado un juego de sábanas en el armario.

En el baño, prepara las toallas: una de ducha y una de manos para cada huésped, y que no se te olvide la alfombrilla para salir de la ducha. Jabón de manos, champú y gel son básicos imprescindibles, la mayoría lo agradecen, de hecho es normal que después de un viaje largo nada más llegar se tomen una ducha.

Por último, es fundamental el papel higiénico y no hay que racanear con él, queda muy feo dejar solo un rollo de papel higiénico, en alguna ocasión he tenido huéspedes que aunque tenían suficiente papel higiénico, se lo gastan todo y me escribieron pidiendo más, les suelo decir que lo compren ellos y se lo descuento de la reserva, aunque es una situación súper cutre, para intentar evitarla es mejor dejar un montón de rollos.

La cocina tiene que estar equipada con papel de cocina, jabón lavaplatos, esponja, pastillas para el lavavajillas si procede…, en definitiva, equipada para un uso normal, que puedan fregar unos platos si les hace falta. Además te recomiendo y siempre lo hacíamos nosotros en nuestros pisos, dejar lo más básico (azúcar, sal, té, café, aceite) por si quieren cocinar algo, que puedan hacerlo sin tener que comprar un kilo de sal. Lo que no te recomiendo para nada es dejar la nevera llena con productos perecederos como huevos, leche, fruta…

Finalmente, puedes dejar productos de limpieza de hogar para que puedan limpiar la casa, a los más maniáticos les gusta limpiar todos los días o incluso repasar algunas partes antes de usarlas ellos. Y, muy de vez en cuando, a algunos huéspedes muy agradecidos y majos les da por limpiar la casa el ultimo día para dejar la casa tal como la encontraron, esto solo lo he visto un par de veces, pero se agradece enormemente.

## **Detalles de 5 estrellas**

Es curioso, pero casi todos los nuevos anfitriones lo hemos hecho, a mí también me pasó. Es la costumbre de dejar para los huéspedes un montón de regalos, como la típica botella de vino, los bollos para el desayuno, leche… yo a mis primeros huéspedes les dejé, además de los básicos, una fuente llena de fruta. Después de esta primera reserva, los huéspedes me dejaron una opinión muy buena y encima mencionaban el detalle de la fruta para el desayuno, exactamente me dejaron esta opinión:

Comentarios públicos

Muchas gracias Vlad! Repetiría en tu casa seguro y esta vez por más días. La fruta y las cosas del desayuno son un buen detalle que agradecimos el domingo :)

Para aquel entonces, no sabía ni la mitad de lo que sé ahora. Y viendo el buen *feedback* que había tenido la fruta, seguí dejando frutas a todos los siguientes huéspedes, pero los siguientes 5 huéspedes ni la tocaron y mucho menos la valoraron en la opinión, es decir, un montón de fruta a la basura.

Acerté la primera vez, pero este tipo de detalles como fruta, leche, vino o croissants… no siempre gustan a todo el mundo, puedes acertar o no, salvo que sepas de antemano los gustos de cada persona, preguntándoselo a cada uno de ellos. Pero preguntarle a cada huésped qué le gusta o qué prefiere para el desayuno y encima comprárselo, puede ser un coñazo. Si te gusta hacerlo y tienes tiempo, obviamente es algo que tus huéspedes van a agradecer, que te preocupes por ellos siempre es un detalle. Aunque te aseguro que mucha gente ni siquiera desayuna en la casa, incluso puede ser que no aciertes con la marca que toman ellos, o vete a saber. No te compliques tanto la vida y no compres productos perecederos. Si realmente quieres tener algún detalle extra que le guste a la mayoría, te recomiendo algo típico del lugar como unos dulces, una conserva de la zona, una mermelada o cualquier producto que no sea muy perecedero o que por lo menos dure varias semanas. Siempre que sea típico de la zona suele gustar mucho a los huéspedes y, sin duda, es un buen detalle. A nosotros nos ha funcionado muy bien dejar un pequeño suvenir típico de la ciudad, es algo que gustó mucho y todo el mundo se llevó. Puedes alternar quizá con dos o tres productos dependiendo de los huéspedes que llegan: parejas, familias, amigos...

## ¿Y si les regalas un Don Perignon?

Si no conoces la marca de champán Don Perignon, decirte que es un champán muy caro y prestigioso. En un ocasión regalamos una de estas botellas a unos huéspedes, la botella que dejamos exactamente era una edición *vintage* del año 2009, valorada según Google en 130 €. Estarás pensando que el piso era de súper lujo o que los huéspedes pagaron una cantidad de dinero increíblemente alta. ¡Nada de eso! Era una reserva normal de dos noches por un precio ligeramente superior a los 200€ en total.

Entonces, ¿estamos locos? Sí, un poco, pero tiene su explicación. En Gaspadar seguíamos una política de detalles de bienvenida un poco especial, no siempre dejamos botellas de vino y cosas de regalo, solo para las reservas más especiales (para reservas muy buenas, para cumpleaños, orgullo gay u otros eventos) pero hay una excepción, cuando el huésped anterior es muy generoso y como muestra de agradecimiento nos deja en el piso una botella de regalo, suele ocurrir ocasionalmente, una vez al mes aproximadamente. En esos casos les agradecemos mucho el detalle, pero normalmente esa botella por cuestiones logísticas suele ser para el siguiente huésped. Eso fue lo que ocurrió esta vez. El huésped anterior nos dijo que nos había dejado una botella de regalo. ¡Todo un detallazo! Quién se iba a imaginar que nos había dejado una botella de Don Perignon.

Así que se aplicó la política habitual, yo no vi la botella, la chica de la limpieza no dijo nada tampoco porque, como he dicho antes, ocurría con cierta frecuencia. Cuando Rafa (encargado de hacer la bienvenida) les dijo a los siguientes huéspedes: aquí tenéis un detalle de bienvenida, Rafa no se fijó en el pedazo de botella, tampoco es un gran entendido en la materia, aunque la presentación era increíble porque la botella viene con una caja con presencia y se ve que no es un champán normalito, pero quién se lo iba a imaginar lo que costaba. Por si fuese poco, los huéspedes tampoco entendían de marcas y preguntaron si era un vino español, a lo que Rafa contestó que era francés, por el nombre de la botella.

Cuando salieron los huéspedes, me tocó pasar por el piso y fue cuando me encontré con la caja y la botella vacía en la basura. ¡No me lo podía creer! En un principio pensé que se la habrían comprado los huéspedes, pero tuve mis dudas, le pregunté a Rafa si era esa la botella que habían dejado de regalo y me dijo que sí.

A partir de entonces hemos establecido una política nueva para el futuro, siempre tenemos que comprobar qué regalo nos dejan, aunque no creo que vuelvan a dejar un detalle similar en mucho tiempo o, quizás, nunca.

Por lo menos, pensé que nos dejarían una opinión muy buena. En efecto, la opinión fue buena, aunque no fue nada especial y ni siquiera mencionaron el tema del champán. Se ve que no llegaron a averiguar de qué marca se trataba y no la disfrutaron como se merece. Si llegan a saber el precio o conocer la marca, seguro que hubiese variado mucho la perspectiva; estamos hablando de una botella que sería habitual en el Hotel Ritz o el Palace, no en un Airbnb normalito.

## Diviértete

Con el ejemplo anterior, quiero demostrar que lo más importante no son los detalles de bienvenida o regalos que les puedas dar, como has visto puedes tener detallazos y no los van a valorar. Lo más importante es el trato personalizado que les puedes dar a los huéspedes. Esta es una de las diferencias más significativas de Airbnb en comparación con un hotel e, incluso, en comparación con otras plataformas como booking. Porque alojar huéspedes no es un trabajo de darles las llaves y ya está, es una relación de persona a persona, desde principio a fin. Algunos lo llaman comerles la oreja, otros podrán decir que esto es hacerles la pelota, pero realmente lo que yo hago es ofrecer un trato sincero para ayudarles en todo lo que pueda y darles mis mejores recomendaciones sobre lugares, restaurantes y zonas que me gustan de la ciudad. He llegado a estar más de una hora en una bienvenida, incluso luego nos fuimos a tomar unas cervezas. Al final es un trato muy personal y tú decides cómo hacerlo, ¿por qué hacerlo aburrido y soso? Conocer a personas de diferentes culturas, conocer lo mejor de su país (pregúntaselo), practicar idiomas, saber qué visión tienen de España o de tu ciudad... son oportunidades únicas, así que aprovéchalas y diviértete.

Si ofreces un trato personalizado para cada huésped, te aseguro que las opiniones de cinco estrellas están aseguradas. Dar un trato personalizado es simplemente conocerles un poco. Por ejemplo, esta es una evaluación que me dejaron:

Comentarios públicos

My partner and myself have been to many airbnbs across many cities. Marcos was the most accommodating host by far. He took the time to prepare a list of top and interesting restaurants for me and my foodie fiancée. Further than that he gave us some great spots to check out in the local area. He was very quick to respond to our messages and really made the process as simple as it could be. The apartment was modern, extremely clean and well laid out with lots of natural light. We had everything we could have needed. It was also situated in a great spot, short walk to Plaza Mejor and La Latina as well as Prado Museum. I would highly recommend staying here!

Para conseguir una opinión como esa, simplemente me preocupé un poco por ellos. Al hacer la reserva comentaron que venían con ganas de probar diferentes propuestas gastronómicas, por ello les envié una lista de sitios que me gustan, con recomendaciones sobre qué platos pedir. También les pregunte qué medio de transporte iban a tomar, como me dijeron que vendrían en taxi, les avisé que el precio del aeropuerto al centro tenía un precio cerrado de 30 €. Quedamos a una hora concreta, les recibí en el piso y estuvimos 5 minutos charlando. Y, como ves, quedaron muy contentos, sin vino ni desayuno ni regalos. El trato personalizado puede ser de mil formas distintas, simplemente sigue tu estilo propio.

Para que no haya dudas, me gustaría definir qué NO es un trato personalizado. Si reservan tu casa, les envías un vago mensaje de agradecimiento o incluso no les envías nada, quedas con ellos a una hora, les das las llaves, les recomiendas dos sitios sin preguntarles si les interesan y te largas. Puede ser que el apartamento esté perfecto (con ese trato lo dudo mucho) e incluso te pueden dejar una buena evaluación porque todo fue correcto, pero nada tendrá que ver con una súper buena evaluación de verdad.

Por último, destacar que el trato puede ser buenísimo, todo lo personalizado que quieras, pero si el piso no cumple con lo prometido: está sucio, faltan cosas, no es como en las fotos… entonces prepárate para recibir malas críticas, que son las que te corresponden.

## Para qué tienes que estar preparado

Para que no te pille por sorpresa, quiero avisarte de las situaciones más habituales que puedes encontrarte o, mejor dicho, que seguro te encontrarás.

Los retrasos son como el pan de cada día en las bienvenidas y aunque preguntes, como te he recomendado antes, toda la información posible (número de vuelo, taxi, metro…) y les des instrucciones precisas, llegarán más tarde de lo estimado en más de un 40 % de las ocasiones. Para intentar evitar largas esperas, puedes pedirles que te avisen cuando estén llegando o tomando el taxi, sin embargo, no todos encienden el móvil cuando están en el extranjero y también hay unos cuantos a los que se les olvida. Tampoco puedes llegar tú más tarde, porque en la otra cara de la moneda están los huéspedes que llegan a tiempo o incluso antes de lo esperado. Lo mejor que puedes hacer es que te avisen cuando estén llegando, pero en cualquier caso llévate un libro, un portátil o algo para hacerte más amena la espera.

La falta de comunicación por parte de los huéspedes es tan habitual que en ocasiones roza lo irracional. Aunque es de sentido común comunicarte con tu anfitrión cuando viajas, para la mayoría de la gente no lo es. No tengo calculado el número, pero más de la mitad de la gente, si tú no les preguntas primero a qué hora llegan, puede perfectamente no decirte nada hasta el mismo día o incluso no decirte nada de nada, y presentarse en la puerta del portal, entonces si no contestas al timbre te contactará para decirte que está en la puerta y tú no estás. Esto es así porque supone, en primer lugar, que eres advino y que de forma telepática has leído su pensamiento y sabías a qué hora llegaba. En segundo lugar entiende que, aunque alquilas el apartamento, tú estás ahí de continuo esperando a que lleguen huéspedes a cualquier hora del día. La verdad es que no sé en qué piensa la gente, obviamente algunos directamente no piensan.

Que los huéspedes no tomen la iniciativa en la comunicación, no supone mayor problema que tomar tú la iniciativa, pero cuando se les pregunta y no contestan, aunque sea una semana antes, ya es de chiste. Vuelves a intentarlo unos días mas tarde y siguen sin dar respuesta, entonces intentas llamarles o contactarles por WhatsApp, y, si tienes suerte, entonces te responden y te confirman algo. Pero en ocasiones nadie contesta al teléfono o no da señal, en ese momento te das cuenta que ya no puedes hacer nada, que los huéspedes vendrán cuando les de la real gana. Y esto es justamente lo que ocurre, los huéspedes aparecen cuando quieren y, como es lógico, a no ser que vivas ahí, no hay nadie esperándoles, entonces es cuando se les ocurre encender el teléfono y llamar para decirte que están ahí y lo más probable es que quieren que llegues enseguida, por lo que si les dices que llegarás en una hora te pondrán en la opinión que tú llegaste tarde. Una vez me ocurrió que el huésped no quería encender su teléfono y se puso a parar a la gente por la calle para que le hiciesen el favor de llamarme para avisarme de que había llegado.

Lo mejor de todo es cuando se les pide una explicación a todos los mensajes y llamadas sin respuesta y te cuentan que estaban de ruta por Europa y no se les ocurrió encender el teléfono o que la reserva la habían hecho con la cuenta de Airbnb de su hija o situaciones similares. Por suerte, estos casos no son habituales y solo suceden una vez cada 200 huéspedes aproximadamente. Para que veas hasta dónde puede llegar la falta de comunicación, hace unos meses estaba esperando a un huésped a la hora estimada, tenía el número de vuelo y toda la información necesaria, ya llevaba un retraso de más de 40 minutos de lo estimado y el vuelo indicaba que había aterrizado a su hora, decido enviarle un mensaje para preguntarle y me contestó que había perdido el vuelo y que vendría en el del día siguiente a la misma hora. Si no le llego a preguntar, me podría haber quedado esperándole todo el día.

- Existen distintos tipos de huéspedes y, gracias a todos los que he recibido, me he tomado la libertad de clasificarlos por categorías. Con esto no pretendo discriminar a nadie, solo compartir mi experiencia. Y, por supuesto, se trata de una generalización, no significa que todos sean como yo los describo.

- *Awesome*: este tipo de huésped repite la palabra "awesome" constantemente, todo le parece increíble y flipante, no importa si el apartamento es un interior en

Lavapiés o si tiene un suelo roto de 200 años; normalmente procede de EEUU y el cambio cultural le parece increíble, valora más lo especial y auténtico que pueda ser que el estado general, adora las recomendaciones locales y es muy agradecido.

- Tiquismiquis: estos huéspedes pueden ser de cualquier procedencia, su característica principal es quejarse por todo y llamarte la atención por cualquier detalle, por ejemplo: *"el sofá tiene una pequeña mancha"*, *"no has dejado suficiente café"*, *"no me gusta la decoración de la pared"* o cualquier otro detalle que no les pueda gustar.

- Tocapelotas: a diferencia de los anteriores, no se quejan de mini detalles, se quejan de cualquier cosa y esperan que vayas para solucionarlo o enseñarles cómo usar algo en concreto, por ejemplo: *"quiero que me enseñes a utilizar el modo automático del aire acondicionado"*, aunque el modo normal es más que suficiente para enfriar la casa.

- Rusos: a los paisanos míos les gusta probar todos los electrodomésticos delante de ti en la bienvenida, no les interesa saber cómo funcionan, solo quieren saber si funcionan o no; también son de abrir todos los cajones y ver lo que hay en cada sitio. Que no te sorprenda ver que mientras les hablas estén abriendo todos los cajones.

- Chinos: los asiáticos por lo general son muy puntuales y nunca se pierden, son muy agradecidos, exageran la amabilidad y si tienes los ojos claros les vas a parecer súper guapo y te lo van a decir unas cuantas veces, incluso a Rafa se lo pusieron en la opinión:

**Public feedback**

Very clean, and just nearby metro station ,2mins by walk. It was nice place to stay. I didn't see Marcos, but his friend come to the apartment, he is friendly and handsome! Thanks!

- Hindúes: los que vienen directamente desde India, por lo general hablan un inglés con un acento muy marcado y es bastante complicado de entender, quieren que les enseñes a utilizarlo todo paso por paso y principalmente tienen muchos problemas con las cerraduras. Si tienen un problema, te pedirán una solución inmediata y además en persona, no les vale que se lo expliques por teléfono. Cuando se marchan dejan toda la casa oliendo a curry y, generalmente, muy sucia.

Las reservas por fuera de Airbnb son ocasionales, pero en ciertos casos te preguntarán mediante una consulta si aceptas el pago en efectivo para ahorrar comisiones, en el caso del propietario solo se ahorra el 3 % que cobra Airbnb al anfitrión. Pero el huésped se puede ahorrar un 15 %. Es decir, el principal interesado es el propio huésped, en estos casos no contarías con la garantía de Airbnb si el huésped rompe algo o directamente te ocupa la casa. Yo he aceptado unas 10 reservas por fuera de Airbnb y no tuve problemas, solo me dio un poco de desconfianza uno de los huéspedes, pero al final todo salió bien. Dado que Airbnb no facilita los datos de contacto hasta que el huésped pague y confirme la reserva, se hace complicado el intercambio del número de teléfono y la dirección, de hecho los mensajes que se envían en una consulta pasan un filtro y si detectan números de teléfono o direcciones completas normalmente aparecen tapados para que el receptor no los pueda ver. Lo recomendable en estos casos es que por lo menos el huésped haga una reserva de una noche y el resto de su estancia la pague en efectivo. Otra solución es poner solo la dirección del portal y quedar en el mismo con los huéspedes, porque el número de teléfono es cada vez más complicado compartirlo, no importa si se escribe en letras o con símbolos por medio, Airbnb ha afinado mucho su sistema de detección para que no le quiten su negocio.

Para mayor seguridad con este tipo de reservas, es razonable pedirles una fianza en metálico y después devolverla presencialmente en el momento del *check-out*. También deberías pedirles el DNI e incluso, si lo consideras necesario, podéis firmar un contrato para que quede por escrito.

## Despídete

Llega el momento de decirles adiós, la famosa hora del *check-out*. Tienes que decidir si los *check-out* serán presenciales, es decir, si irás tú personalmente a despedirles en la casa o les pedirás que dejen las llaves en algún sitio específico y se marchen. Esta segunda opción es inconcebible para muchos propietarios, algunos se llevan las manos a la cabeza cuando les decimos que no despedimos presencialmente a los huéspedes.

Aunque, como he dicho varias veces, hemos probado de todo. En los inicios gestionábamos un piso en el que cobrábamos fianza en efectivo, la cual había que devolver de la misma forma el día de la salida, lo cual era un coñazo porque hay que quedar con el huésped y no siempre son muy puntuales para salir, por no hablar de cuando tenían que salir de madrugada o muy temprano. El problema realmente es el tiempo que hay dedicar a esta tarea, ya que hay que ir hasta el piso, revisar todo por encima y despedirles. Dependiendo del tipo de huéspedes puede llegar a ser mucho tiempo (si no tienen mucha prisa por salir pueden estar acabando de recoger, contarte todas sus experiencias o enseñarte las fotos que han hecho) y encima el resultado de todo este tiempo invertido es el mismo que la despedida no presencial; si rompen algo, te avisan y la única mini ventaja de la despedida presencial es que puedes cobrarles el importe del desperfecto en el momento y no tener que reclamárselo con posterioridad. Teniendo en cuenta la baja probabilidad de que ocurran desperfectos y más teniendo en cuenta, como he mencionado antes, lo bien que funciona la garantía de Airbnb, no merece la pena el tiempo invertido en despedirles presencialmente. La única ventaja real de despedirles presencialmente es que les obligas a dar la cara sobre cómo dejan el apartamento en relación a la limpieza, sobre todo si saben que vienes al *check-out* lo dejarán más limpio en su mayoría, aunque hay un truco para conseguir esto sin tener que ir. El día de la bienvenida les avisas que la despedida será presencial, de esta forma ya estarán avisados y lo tendrán en cuenta, pero el mismo día de la salida finalmente les dices que no puedes ir y les pides que dejen las llaves en algún sitio.

Para las despedidas no presenciales, tienes que darles instrucciones muy precisas para que sepan exactamente dónde tienen que dejar las llaves (mesa, buzón, colgadas en un gancho...), porque puede ser que se despisten y las dejen puestas, a no ser que sepas cómo abrir una puerta con una botella de plástico (yo aprendí para no esperar a cerrajeros). Aunque no es habitual, en alguna ocasión nos ha ocurrido que incluso diciéndoles donde tienen que dejar las llaves, las dejan puestas, por ello, puedes plantearte poner un cartel rojo en la cerradura interior o algo que llame su atención. No te preocupes, porque lo habitual es que dejen las llaves en su sitio y todo salga bien.

Para hacer la vida más fácil, también puedes plantearte la instalación de un sistema remoto de apertura y cierre, como Remock Lockey u otros más sofisticados con código, esto a largo plazo te evitaría muchos problemas. Al final son habituales los problemas relacionados con las llaves, a nuestros huéspedes les ha pasado de todo (llaves perdidas, llaves en las alcantarillas, olvidadas dentro…) y, cada vez que ocurre algo de esto, tenemos que ir a rescatarles. Y luego también están los problemas relacionados con el funcionamiento de las llaves, con puertas que tienen algún truquito o que funcionan bien pero algunos guiris no las entienden a pesar de que se lo expliques. Y luego pasan historias como esta: recibiendo a una familia de hindúes (solo aclarar que no tengo nada en contra de ellos) que llegaron como una hora tarde, totalmente desorientados y cansados, lo cual es totalmente comprensible después de un viaje largo, les expliqué lo básico de la casa, les recomendé mis mejores sitios y les enseñé cómo abrir la puerta ya que, normalmente cuando llegan de culturas muy diferentes, no entienden este tipo de cerraduras y sobre todo tienen problemas con el resbalón (la última parte para abrir la puerta). Después de comprobar que podían abrir la puerta perfectamente, me despedí y me fui. Al cabo de media hora, me llama uno de ellos que justo había salido a comprar pero no se había llevado las llaves y no podía volver a entrar, las llaves se quedaron dentro, por suerte sus hermanas estaban dentro también, pero yo solo le había explicado a él cómo abrir la puerta, porque ellas mostraron poco interés. Ahí estaba yo, intentando explicarle a él cómo tenía que explicarles a sus hermanas a través de la puerta el modo de abrir la puerta con las llaves. La misión fue un fracaso total, entre su bajo nivel de inglés sumado al aturdimiento del viaje y al desconocimiento absoluto sobre cómo funciona una cerradura, no se enteraron de nada. Entonces les avisé de que en media hora estaría allí porque no me encontraba en la zona y además estaba acabando de comer, a lo que me respondieron que fuese más rápido o enviase a otra persona. Obviamente no podía ser ninguna de esas opciones, por lo tanto me presente allí en 30 min, le abrí la puerta y les enseñé a ellas cómo hacerlo. Lo mejor de todo fue la mierda de opinión que me dejaron diciendo que se quedaron encerrados en el apartamento y que yo tardé mucho tiempo en ayudarles. Este caso fue muy excepcional, pero este y otros muchos incidentes relacionados con las llaves, se podrían evitar instalando una cerradura de código, pero esto en España y con las puertas que tenemos en la mayoría de edificios, es aún verdaderamente muy complicado.

Si no has despedido a los huéspedes personalmente tienes que estar preparado para el factor sorpresa pues es similar a cuando venían los Reyes Magos… ¡Nunca sabes lo que te van a dejar! No te asustes porque el 80 % de los huéspedes te dejará la casa bien, algunos incluso la dejarán muy bien. Y si dejan la casa sucia a no ser que sean guarros por naturaleza, yo creo que es culpa del anfitrión, por no hacerles hincapié en la llegada de que deben dejarlo todo como lo encontraron. Por otro lado, están los regalos, como el famoso Don Perignon y otros que nos han dejado en estos años, por no hablar de las cosas que se han olvidado alguna vez, como un montón de chocolates Lindt, jamón ibérico, frutas y otros comestibles sin abrir. No te voy a engañar, esto solo ocurre en muy pocas ocasiones. Si se dejan comida lo normal es que sea abierta o empezada, que va toda directamente a la basura, y por último en un porcentaje muy bajo (1 de 1500) se dejan un tanga, un preservativo o algo muy desagradable que mejor no te cuento.

## Deja una evaluación

Tus preciados huéspedes tienen la opción de dejarte una evaluación en cuanto se marchen y lo mismo puedes hacer tú. Esta es la parte más temida por muchos anfitriones, la famosa evaluación, si haces un buen trabajo y tu apartamento cumple con lo que promete, seguro que las evaluaciones serán positivas.

Las opiniones (principalmente las buenas) son la mejor forma de posicionar orgánicamente un anuncio, cuantas mejores y más opiniones tengas mayores serán las probabilidades de conseguir más reservas. Así que procura que siempre te dejen una buena opinión en cuanto se marchen.

Dado que las evaluaciones son ocultas, es decir, tú no sabes lo que han puesto ellos y ellos tampoco saben lo que has puesto tú hasta que ambas sean escritas, para evitar esa incertidumbre, en cuanto escribo mi opinión les envió un mensaje diciéndoles algo como esto:

*"Muchas gracias por cuidar tan bien de nuestro apartamento, os dejamos una buena evaluación, esperamos ansiosos recibir la vuestra y si tenéis algún consejo para mejorar estaremos encantadas de aplicarlo".*

Con ese mensaje, les dejas con la tranquilidad de que han recibido una buena evaluación y, además, les pones en un compromiso para que dejen ellos la suya también y encima les propones que te den algún consejo para mejorar, esto les encanta.

En cuanto al contenido de la opinión, nosotros usábamos una plantilla porque llegó un momento en que ya no sabíamos qué ponerles; después de haber escrito cientos de ellas, llegó el momento de copiar y pegar, solo cambiando el nombre de los huéspedes. Esto es lo que solíamos ponerles: *"Fue un placer alojar a Nombre del huésped, él/ella/ellos fueron muy agradables, comunicativos y simpáticos. Además cuidaron muy bien de la casa, son 100 % recomendables"*. Tú puedes ponerles lo que quieras.

Como he explicado antes, siempre que generes una conexión con los huéspedes, que vean que te importa su estancia, que intentas que todo sea perfecto... te dejarán una buena evaluación y te comentarán las críticas o aspectos a mejorar por privado.

Sin embargo, las evaluaciones en ocasiones pueden ser del todo surrealistas, está claro que no le puedes gustar a todo el mundo, siempre tendrás algún huésped que no saldrá del todo contento, por el motivo que sea. Por ejemplo, en un piso en el que tenemos un 90 % de evaluaciones positivas, nos dejaron una evaluación que solo decía *"no hay muchos restaurantes en la zona"*. Evidentemente, a este huésped no le importaba que el piso estuviese perfecto, tampoco valoró mi trato personal, les recibí en la calle justo al lado de su coche, ayudándoles con las maletas y respondiendo todas las preguntas que tenían sobre Madrid, en total estuve con ellos unos 40 minutos, pero todo esto no sirvió para nada porque a Edward en el momento de escribir la evaluación solo le importó la cantidad de restaurantes que había en la zona. Así que no te tomes todas las opiniones demasiado en serio.

Si un día sabes que una estancia no ha ido bien o no tan bien como esperaba el huésped por cualquier motivo, si la evaluación que va a dejar este no es de 5 estrellas es mejor que no la deje. Esto no es como los hoteles en los que 4 estrellas es un buen hotel, si la media baja de 4,5 estrellas Airbnb puede llegar a bloquearte el anuncio temporalmente e incluso definitivamente. Por lo tanto, si tienes la intuición o directamente sabes que te van a dejar una evaluación inferior a 4 estrellas, no les envíes el mensaje anterior y tampoco les dejes evaluación. Cuando les escribes una evaluación, ellos reciben un mensaje notificándoselo y, precisamente, lo ideal en estos casos es intentar que se olviden de escribirte una evaluación, transcurridos 14 días ya no podrán hacerlo. De esta forma te habrás librado de recibir una mala crítica.

En ocasiones es inevitable recibir una mala evaluación, en esos casos, además de mejorar e intentar que no vuelva a suceder si es posible, también hay que hacer que pase desapercibida la opinión pública. Las evaluaciones que escriben sobre tu anuncio, como sabrás, aparecen en la vista pública y como anfitrión tienes la posibilidad de responderlas públicamente. Esto, aunque es muy fácil y sencillo de hacer no lo hacen la mayoría de anfitriones, solo lo hacen cuando un huésped pone una crítica negativa. Tengo que confesar que yo tampoco lo hacía, hasta que un huésped se quejó del ruido de una noche y encima lo puso en la opinión; yo respondí públicamente a la opinión, pero como era la única opinión a la que había respondido, visualmente era la que más llamaba la atención para un huésped potencial que estuviese mirando las opiniones, de este hecho me di cuenta justo después de poner la respuesta, porque las siguientes tres consultas que recibí fueron directamente sobre el tema de los ruidos nocturnos, a pesar de tener 30 evaluaciones sin ninguna mención a los ruidos nocturnos. De todas formas, responder a todas las evaluaciones públicamente, no solo te permite disimular las malas críticas, también te aporta un punto diferenciador respecto a la mayoría y le aporta cercanía al anuncio.

# Mantén el tipo

No siempre es fácil mantenerse a la altura, en Airbnb pueden ocurrir demasiados sucesos y hay que saber cómo reaccionar ante ellos.

## ¿Y si la cagas?

Te ha costado años de mucho trabajo conseguir el éxito en Airbnb y de repente recibes una evaluación negativa, Airbnb te envía un mail avisándote de que has recibido una evaluación por debajo de la media y que si sigues así, te van a penalizar y que incluso pueden llegar a dar de baja tu anuncio. Pero ¡que no cunda el pánico! Si tienes muchas opiniones buenas y recibes una mala, no te preocupes, que tu anuncio no se caerá de los resultados de búsqueda y tampoco lo van desactivar por una única cagada. Sé que parece lógico, pero muchos anfitriones tienen auténtico pavor a la opinión negativa. Si tienes muchas evaluaciones positivas, a partir de 10 con 5 estrellas es suficiente para protegerte del golpe. Lo mejor es evitar el golpe y casi siempre se puede conseguir, por lo general se sabe si el huésped está contento o no, sobre todo si tienes buenas pautas de comunicación como he explicado antes.

En cualquier caso, existen dos tipos de cagadas, las que puedes controlar tú y las que no. Si no le caes bien al huésped o no le gusta el apartamento, a pesar de que es como en las fotos, esto no lo puedes controlar, no puedes controlar su perspectiva de la realidad si todo es como debería ser, estos casos son los menos habituales.

Otros sucesos que no puedes controlar son las averías, las goteras, los aparatos que dejan de funcionar de repente, el dichoso Wi-Fi... Definitivamente, no puedes controlar estos sucesos pero sí puedes controlar tu respuesta y actuación. Mi consejo es que ante cualquier problema actúes y respondas lo más rápido posible y no le quites importancia, si no funciona el Wi-Fi debes llamar a la compañía lo antes posible y tranquilizar a los huéspedes, no vale decirles que se esperen una hora a ver si vuelve la señal. Para los problemas de fontanería, electricidad y pequeñas reparaciones debes tener el contacto de un buen manitas de confianza que te pueda echar una mano en casi cualquier situación. Y muy importante también que tengas un cerrajero que te pueda ayudar, porque que se dejen las llaves puestas con la puerta cerrada es casi habitual.

Si estos problemas se solucionan rápido en pocas horas o en el mismo día, los huéspedes suelen entender la situación y no te dejarán una mala evaluación, de hecho, será una buena evaluación mencionando que solucionaste el problema rápidamente. Sin embargo, si no consigues solucionar el problema, aunque la avería no dependa de ti y hayas hecho todo lo que estaba en tus manos para intentar solucionarlo, tendrás que darle una compensación económica al huésped, puedes enviarla directamente por Airbnb y si el problema impide la continuidad de la estancia deberías ofrecerles un reembolso completo de las noches restantes, si tú no lo haces lo hará Airbnb después y será peor porque los huéspedes pondrán una reclamación y encima te dejarán una mala evaluación.

Los errores que dependen de ti, directa o indirectamente, son los más graves y por desgracia los más habituales. Si tienes una chica de la limpieza debes darle unas buenas pautas, siguiendo si quieres mi *check list* de limpieza y además revisando que el trabajo esté bien realizado; los problemas con la limpieza por despistes suelen ser los más habituales, igual que los básicos imprescindibles de la casa como el papel higiénico, el jabón, servilletas... Por otro lado, los relacionados con la llegada como retrasos por la parte del anfitrión, malas indicaciones de acceso, la falta de comunicación... son también los errores más recurrentes. Yo la cagué en una bienvenida llegando 30 minutos tarde, porque antes tenía otra bienvenida y los huéspedes llegaban tarde (como suele ser habitual cuando hay dos llegadas seguidas, uno siempre llega tarde y fastidia a la siguiente); a pesar de que avisé a los siguientes de que llegaba tarde unos 30 minutos, los huéspedes decidieron esperarme en la puerta del portal durante más de 30 minutos, como suele ser habitual también, tienen bares en la zona y uno justo seguido del portal, pero quieren demostrar que son lo suficientemente rudos y fuertes como para estar aguantando de pie en el portal, peor aún son los que aprovechan que entra un vecino para ir a esperar a la puerta del apartamento. En este caso se quedaron en la puerta del portal los 30 minutos largos hasta que llegué, justo cuando estaba llegando e iba a saludarles, no me dio tiempo ni a abrir la boca, el marido empezó a chillarme como un loco reprochándome que debiera estar esperándoles ahí cuando llegasen a cualquier hora del día. Aunque me disculpé en varias ocasiones, el hombre no paraba de chillarme de forma muy violenta en medio de la calle, en ese momento tuve unas ganas tremendas de dejarlos en la calle, de hecho, si llega a ser mi propio apartamento no les recibiría, les diría que se buscasen un hotel, pero como tenía que hacer mi trabajo, tuve que tragar y recibirles de la mejor manera posible. Cuando yo cometo un error o soy responsable del mismo, normalmente les regalamos un detalle para compensarlo, como una caja de bombones además de pedirles disculpas y asegurarles que no volverá a ocurrir. En este caso, con la actitud soberbia del marido no me apetecía regalarles nada y encima el señor se empeñó en que debía compensarle con el precio de una noche entera por haber llegado tarde, esta reclamación no tenía ningún sentido y directamente la ignoré, les di las llaves del apartamento y me marché. Lo que tenía claro es que la opinión negativa estaba asegurada y no podía hacer nada para evitarlo. Antes de escribir la opinión lo que hicieron fue poner la reclamación por Airbnb, exigiendo el precio de la primera noche por mi retraso, obviamente yo rechacé la reclamación y no les di ninguna compensación, ellos no solicitaron la intervención de Airbnb porque seguramente no sabrían cómo se hace, habría sido gracioso ver la cara del moderador al ver la reclamación por un retraso de media hora. En la opinión que escribieron me pusieron a parir diciendo que yo era seco, antipático, impuntual y un montón de adjetivos poco agradables, una pena que no llegasen a insultarme porque Airbnb elimina automáticamente las opiniones con insultos o discriminaciones por raza o sexo. Esta opinión de 2 estrellas llegó a un apartamento que tenía más de 30 evaluaciones positivas y, por suerte, pasó desapercibida y no notamos diferencia alguna en el funcionamiento de las reservas.

Como he especificado al principio, una evaluación negativa no tiene mucha influencia cuando tenemos bastante evaluaciones positivas, pero si tu anuncio está empezando, te recuerdo que las tres primeras evaluaciones son cruciales, si empiezas con errores graves que se ven reflejados en las opiniones deberás volver a publicar el anuncio y borrar el actual. Yo he tenido que hacer esto en una ocasión, en la que empezamos muy bien con la primera opinión, pero para la segunda, empezó a ayudarme un chico nuevo que gestionó las siguientes dos reservas y fue un auténtico desastre con fallos en la comunicación y un retraso de más de una hora porque se había olvidado del huésped. Con toda la razón del mundo, estos dos huéspedes dejaron unas pésimas opiniones que me obligaron a publicar de nuevo el anuncio; por su parte, Airbnb no había bloqueado el anuncio pero era evidente que con una media inferior a 4 estrellas no podría conseguir muchas reservas. Volver a publicar un anuncio no tiene mayor problema que eliminar el perfil actual y publicarlo de nuevo con las mismas fotos y descripción si te funcionó bien, de hecho si quieres puedes tener publicado el mismo apartamento en varios perfiles distintos sin problema, yo lo he probado alguna vez para ver diferencias en posicionamiento. También puedes volver a publicar un anuncio con un perfil nuevo si Airbnb llega a bloquearte el perfil, pueden llegar a bloquear o dar de baja tu anuncio si tienes reiteradas opiniones negativas, de hecho son bastante estrictos con ello, ya que, si recibes tres opiniones malas seguidas, te bloquearán automáticamente durante 48 horas, aunque este bloqueo es solo un aviso porque el siguiente es de varios días y si sigues teniendo los mismos resultados finalmente pueden llegar a dar de baja tu anuncio. Pero debes ser muy malo para llegar a esta situación, de todas formas, si la cagas mucho la segunda oportunidad es gratis.

## ¿Y si el huésped la caga?

Si el *check-out* no es presencial y no revisas tú la casa justo después, sino que lo hace la chica de la limpieza, lo que suele ser habitual, tienes que pedirle que te informe sobre cómo dejaron todo y si hubo alguna rotura o pérdida. Suponiendo que has tenido la mala suerte de encontrarte algo roto o desaparecido, lo primero que tienes que hacer es sacarle unas fotos, seguidamente tienes que escribir al huésped, preferiblemente por el chat de Airbnb y enviarle las fotos de los daños. Es probable que el huésped no se hubiese dado cuenta y enseguida te responda disculpándose y ofreciéndose a pagar el importe necesario para reparar o sustituirlo, pero también es probable que no te conteste o que se niegue a pagar, entonces tienes que solicitarle el dinero por el centro de resoluciones.

Airbnb cada vez lo ha hecho más fácil y sencillo, así en el mismo historial de mensajes con el huésped verás una opción en la parte superior para enviar o solicitar dinero, simplemente pulsando en esa opción ya puedes iniciar el proceso para solicitarle el dinero. Te pedirá que especifiques el importe, tiene que estar basado en el precio real mediante una factura, un enlace del producto nuevo o un presupuesto de reparación. A continuación tendrás que contar lo ocurrido y, por último, tendrás que subir las fotos de los daños y las facturas. Creo que no es necesario mencionar que no debes poner insultos o utilizar un lenguaje y tono inapropiados, aunque te hayan roto un jarrón que te regaló tu tía la de Cuenca... Ten cuidado con el valor sentimental porque no lo cubre la garantía.

Una vez puesta la reclamación, esta va dirigida inicialmente para los huéspedes de forma directa y Airbnb todavía no intervendrá; el huésped dispone de 48 horas para responder. Puede pagarte directamente, rechazar el pago o ignorarlo y no dar ninguna respuesta. Una vez transcurridas las 48 horas, si ha rechazado el pago o lo ha ignorado, tienes que solicitar la intervención de Airbnb como mediador. Si no solicitas que intervengan, no lo harán y por este motivo mucha gente piensa que la garantía no funciona. Aquí es donde está el truco, solicitar la mediación de Airbnb es un poco complicado porque no te la ponen delante de tus narices y está un poco escondida. Como has visto poner una reclamación es muy sencillo, sin embargo para encontrarla después para poder solicitar que intervengan, es más complicado, obviamente porque no les interesa soltar la pasta. En cualquier caso, buscando en el centro resoluciones, encontrarás la reclamación abierta y simplemente pulsando sobre la opción que indica "solicitar intervención de Airbnb" lo tendrás.

Unos días más tarde, te llamarán de Airbnb para conocer ambas versiones, tu versión y la de los huéspedes, con esta información se tomarán un tiempo para deliberar y darán un respuesta en los próximos días. Por nuestra experiencia, todas las reclamaciones que hemos puesto han sido resueltas a nuestro favor, aunque solo hemos tenido que poner unas 5 reclamaciones.

Aunque puedes reclamar cualquier cosa, no te pongas a reclamar cada vaso o plato roto, ya sé que el refranero español dice: "hay que pagar los platos rotos", pero desde mi punto de vista es bastante rastrero reclamar cada plato. Hablando de anfitriones rastreros, he visto cómo reclamaban un mantel porque lo habían ensuciado con manchas que supuestamente no se quitaban, esto le pasó a Rafa (trabajaba en Gaspadar) en un viaje que hizo con sus amigos a Lisboa y lo peor de todo fue que sus amigos decidieron pagar los 10 € que les pedían por un mantel.

## Sé un SuperHost

Los Superhost son los guapos de la fiesta y son los que más ligan, es muy guay decir que eres Superhost, puedes chulear de ello con los amigos, incluso hay un señor en EE.UU. que se dedica a hacer vídeos presentándose como: *"¡Hola soy Superhost!"*. Por si no sabes lo que esto significa y te suena a superhéroe de Marvel, la categoría de Superhost es la máxima distinción que tiene Airbnb para catalogarte como súper anfitrión. Para conseguirla tienes que cumplir unos requisitos de nada:

- Haber completado al menos 10 reservas en tu alojamiento en un año.

- Haber mantenido una ratio de evaluaciones del 50 % o un porcentaje superior.

- Haber mantenido una ratio de respuesta del 90 % o un porcentaje superior.

- No haber cancelado ninguna reserva, a menos que lo hayas hecho por un motivo contemplado en la Política de causas de fuerza mayor.

- Haber obtenido 5 estrellas en el 80 % de tus evaluaciones (como mínimo) y mantener una valoración general de 4,8.

En principio todos estos requisitos parecen fáciles de conseguir y, si haces un buen trabajo, es probable que consigas la categoría de Superhost en la próxima evaluación que se realiza trimestralmente. Aunque en la práctica hay algunas excepciones, yo por ejemplo de los 28 perfiles que hemos llegado a gestionar, he conseguido la categoría de superhost en 13 de ellos, no porque seamos incompetentes en la gestión sino porque cada requisito tiene sus peros.

Si no tienes imprevistos ni fallos en la sincronización del calendario (después sabrás a qué me refiero) y tampoco reservas por sorpresa a precios irrisorios, no tendrás que cancelar ninguna reserva y podrás cumplir el primer requisito.

Responder en pocas horas, bien lógico, pero qué pasa cuando entra una consulta desde Argentina o Australia por citar un ejemplo a las 3 de la madrugada, pues que te levantas con 20 notificaciones de Airbnb diciendo: *"responde ya para mantener tu ratio de respuesta"* y, como te entretengas con alguna responsabilidad mañanera y te despistes un poco, se te puede olvidar contestar, aunque en la práctica no suele ser un problema contestar en menos de 24 horas.

Las evaluaciones de 5 estrellas suelen ser el principal problema, en ocasiones recibes evaluaciones negativas por sorpresa de forma inesperada como el señor que solo quería restaurantes en la zona. Pero las evaluaciones negativas continuadas tienen su origen, sobre todo, si descuidas la atención y el servicio, o si tu piso no es perfecto en algunos detalles importantes, incluso aunque no dependan de ti como puede ser el barrio, los vecinos, el edificio… Es habitual, por lo menos desde mi experiencia, que los apartamentos más básicos y mediocres reciban evaluaciones de 4 estrellas, aunque todo fuese como debía ser, a los huéspedes no les apetece dejar 5 estrellas por algo mediocre; para combatir esto, tienes que diferenciarte con el trato personal y con los detalles que marcan la diferencia. E incluso, aunque lo des todo en este aspecto, a veces no es suficiente. Simplemente hay que aceptar que determinados anuncios es poco probable que consigan tener más de un 80 % de evaluaciones positivas, pero esto no significa que no puedan funcionar bien a largo plazo y sin problema, solo que son apartamentos que se encuentran en otra categoría. Si este es tu caso, también puedes plantearte subir la categoría de tu apartamento mediante una reforma o mejorando la decoración.

Quitando estos casos excepcionales, que a veces no son tan excepcionales como uno puede pensar, lo normal es que todo salga bien y los huéspedes reciban un buen servicio y estén contentos. Entonces, un día inesperado, después de cumplir todos los requisitos, recibes un e-mail que dice: *"¡Por fin podemos llamarte Superhost! Eres mucho más que un anfitrión, eres un Superhost"*. Además, el e-mail te explica las ventajas que tendrás con tu nueva categoría y por su puesto te ponen la estrellita en el perfil. Otra de las ventajas es un número de teléfono de atención al cliente especial para esta categoría, cuando les llamas e indicas tu número de móvil, un mensaje sexy te dice: *"¡Hola Superhost!"* pero nada más, no te atienden antes que al resto. Dependiendo de la ciudad en la que residas, Airbnb organiza un evento anual al que solo invita a Superhosts, en Madrid se celebra una vez al año. Reúnen a todos los Superhosts, dan charlas gratis y sobre todo comida gratis.

La primera vez que me pusieron la estrella, que además fue con mi cuenta personal, pensé que a partir de entonces entrarían reservas sin parar y todo sería una fiesta. Pero realmente no noté la diferencia, las reservas entraron más o menos como siempre, quizá es porque siempre hemos conseguido ocupaciones altas, pero no vi que los pisos se llenaran antes de tiempo ni ningún cambio significativo, de hecho, probé a subir los precios para ver si la categoría de Superhost me permitía conseguir reservas con precios más altos, pero tampoco observé este efecto.

Con todos los pisos que he gestionado como Superhost no he llegado a notar ninguna diferencia e incluso, todavía más importante, tampoco he llegado a notar la diferencia en el caso contrario, al perder la categoría; así sucedió con un piso que tuvo la distinción más de 7 trimestres seguidos pero que de repente la perdió quedándonos en las puertas con el 79 % de evaluaciones positivas, pues al perder la categoría tampoco noté diferencia alguna en el volumen de reservas o la rentabilidad.

Con AirDNA se puede comprobar el efecto de forma objetiva, no solo desde mi experiencia personal, de hecho, AirDNA ya ha realizado un estudio a este respecto (Nota 11). Este estudio analiza las diferencias en visitas, precio y ocupación de los perfiles que son Superhost en comparación con el resto.

En el año 2017, un 19,4 % de todos los anfitriones que hay en Airbnb consiguieron la categoría de Superhost, el estudio detalla que la mayor parte de ellos (57 %) no consiguieron dicha categoría porque no completaron 10 reservas en su alojamiento, esto puede ser debido a que muchos anfitriones son ocasionales y solo alquilan su casa cuando se van de vacaciones (esto es una opinión personal que no expone el estudio). En Madrid, por ejemplo, en mayo de 2018 según datos de AirDNA el 24 % de los anfitriones son Superhost.

Volviendo a los datos que proporciona el estudio, a nivel global, los Superhosts obtienen solo un 5 % más de visitas que el resto de anfitriones, por lo que a primera vista tener la estrellita en el perfil no es tan significativo. Por lógica, ante dos pisos en igualdad de condiciones, siempre tendrá preferencia el Superhost.

Cuando se comparan los precios medios por noche reservada, los Superhosts consiguen unos precios un 11 % inferiores que el resto, pero una ocupación un 80 % superior, en consecuencia los Superhosts llevan una gestión más activa y optimizan mejor los precios por noche consiguiendo unos ingresos un 53 % superiores al resto de anfitriones. Desde mi punto de vista, dado que la mayoría de perfiles son ocasionales, no llevan una gestión activa y por ello no tienen tampoco altos niveles de ocupación. Viendo que la estrellita que te ponen cuando eres Superhost no tiene mucha influencia en el número de visitas, puedes perfectamente llevar una gestión activa optimizando los precios y conseguir los mismos resultados que los Superhosts.

Por otro lado, yo suponía que la categoría de Superhost tendría mayor importancia en los grandes mercados con muchos anfitriones, donde necesitas todas las ventajas posibles para destacar entre la multitud. Pero el estudio también demuestra que no existe una correlación directa entre el rendimiento de un Superhost y el número de anfitriones en una ciudad.

Curiosamente se hace una mención a América latina, donde el promedio del ingreso por propiedad disponible (RevPAR) que consiguen los Superhosts es considerablemente más alto que el promedio mundial. El estudio supone que este hecho se deberá a la mayor preocupación de los huéspedes por la seguridad en estas zonas, de manera que buscan anfitriones que les aporten mayor confianza, como un Superhost.

Con todos los datos sobre la mesa, es evidente que los Superhosts obtienen mayores beneficios, pero no es solo por tener esta categoría, el hecho de que te pongan la estrella no te garantiza nada, es el trabajo duro previo y posterior el que proporciona estos resultados. Y si algún día vienen unos huéspedes desafortunados que te dejan una mala opinión y te quitan la categoría de Superhost, no te preocupes porque como he explicado antes desde mi propia experiencia no he notado la diferencia al perderla, además no es para siempre, ya que, en los próximos meses, puedes volver a recuperarla.

A algunos anfitriones que son Superhosts, parece ser que se les sube mucho el ego y quieren demostrarle al mundo entero que son Superhosts. Me ha pasado en dos ocasiones, en las que reservan y lo primero que te dicen es: *"Hola Soy Superhost"*, pero lo peor es cuando llegan y empiezan a decirte que ellos en su apartamento no lo hacen así, o no dejan los cojines en tal sitio o en otro, y te recuerdan un par de veces que son Superhosts e incluso te lo enseñan por si no les haces mucho caso, vamos todo un circo; yo, en estos casos, les suelo decir que gestiono un montón pisos y que además soy Superhost en 13 de ellos, para que no vayan de listos.

Existe otra categoría importante que también influye directamente en los ingresos, la de Viajes de trabajo o Negocios, se trata de una categoría enfocada a huéspedes que viajan por negocios y buscan una serie de servicios. A diferencia de la categoría anterior, esta se consigue ofreciendo los servicios que te exige Airbnb y cumpliendo sus requisitos, entonces de forma automática incorporarán tu anuncio a la categoría de viajes de trabajo y le pondrán un dibujito de un maletín al anuncio. Para conseguir ese maletín tu anuncio debe ofrecer los siguientes servicios:

- Elementos básicos (esto incluye jabón, toallas, sábanas y almohadas)
- Llegada autónoma (esto incluye una caja de seguridad para llaves, portero, teclado o cerradura inteligente)
- Wi-Fi

- TV
- Plancha
- Secador de pelo
- Perchas
- Champú
- Zona para trabajar con portátiles
- Detector de humo (a partir del 1 de julio de 2018)

Además tiene que cumplir los siguientes requisitos:

- Haber mantenido una ratio de evaluaciones del 50 % o un porcentaje superior.
- Tu anuncio debe haber conservado una valoración general de 4,8 estrellas o más durante los últimos 365 días.
- Contar con al menos 5 evaluaciones.
- Debes ofrecer una política de cancelación flexible o moderada.

En principio todos los servicios que debería ofrecer, a excepción de la entrada autónoma, los cumplen la mayoría de anuncios y si no tienes detector de humo puedes comprarte uno básico en Amazon por muy poco dinero. En cuanto a los requisitos, son similares a los que exigen para ser Superhost.

Cómo no, AirDNA ha estudiado cuál es el efecto de tener esta categoría (nota 12). Esta vez solo ha realizado el estudio para las 10 ciudades principales, pero las conclusiones son sorprendentes, los pisos listos para viajes de negocios ganan de media 10.000 € al año, además por su puesto tienen unos precios más altos y una mayor ocupación. AirDNA incluso indaga un poco más y determina que si además de esta categoría también eres Superhost, ganas un 6 % más que si solo posees la categoría de negocios.

Airbnb está trabajando constantemente para implementar nuevas categorías y secciones con el objetivo de premiar a todos los anfitriones que están ofreciendo un buen servicio y facilitar la búsqueda a los huéspedes, un ejemplo de ello es la nueva sección de Airbnb Plus. Plus es una selección de alojamientos de la mejor calidad, cuyos anfitriones han recibido excelentes evaluaciones y cuidan hasta el último detalle. Cada uno de estos espacios se verifica en persona para contribuir a garantizar tu comodidad. Esta sección no está disponible todavía en todas las ciudades y AirDNA, de momento, no ha realizado su estudio, pero seguro que funciona muy bien.

## Cancela una reserva

En ocasiones ocurre lo inesperado, necesitas tu casa para ti o justamente viene un familiar, pero da la casualidad que ya tienes una reserva para esas fechas. Si tenías la reserva inmediata confirmada, tienes la opción de cancelar 3 reservas confirmadas sin penalización alguna, cuando elijas el motivo de la cancelación tienes que especificar que no te gusta el huésped o que va a infringir las normas de la casa. Supuestamente el sistema lo dará por válido y no te penalizará, aunque puede que alguien lo investigue y comprueben por qué no te transmitía confianza el huésped, si por ejemplo tenía malas evaluaciones o mencionó algo que no inspiraba confianza, en la práctica nadie está revisando esto pero es probable que en un futuro lo hagan.

Si ya has utilizado las 3 cancelaciones gratuitas o no quieres arriesgarte a que te investiguen, entonces siempre puedes enviarle un mensaje al huésped contándole la situación, a veces los huéspedes también tienen la opción de cancelar la reserva de forma gratuita, dependiendo de la política de cancelación que tú hayas elegido cuando creaste el anuncio. Si esta opción no funciona, puedes probar a cancelar la reserva por causas de fuerza mayor, en este caso, debes llamar a Airbnb y explicárselo, debes contarles que tienes una gotera, una fuga o lo que se te ocurra. Airbnb cancelará la reserva pero seguramente te pedirán pruebas para comprobar que lo que les has dicho es verdad, si tienes unas fotos de una reforma sería lo ideal, en caso contrario puedes apañarte con un poco de Photoshop o similar, te aviso que no se van a poner muy tiquismiquis mientras parezca medio realista, a veces incluso con una factura de algún técnico les es suficiente.

Y si no te queda más remedio que cancelar la reservar sin poder beneficiarte de alguna de las medidas anteriores, tienes que tener en cuenta que la primera cancelación suele ser gratuita, pero te van a penalizar de otras formas. Pondrán una evaluación automática por la cancelación, que dirá que tú cancelaste una reserva, no te permitirán mantener u optar a la categoría de Superhost durante un año y las fechas que cancelas aparecerán bloqueadas de forma permanente en el calendario, para que no puedas reactivarlas.

## Reoptimiza tu anuncio

Con el tiempo, puede ser que tu anuncio empiece a tener cada vez menos visitas, menos reservas, ves que el calendario ya no se llena como antes o incluso que tienes que bajar mucho el precio para que entre una reserva. En ese caso, deberías estudiar las posibles causas, quizás has recibido muchas opiniones negativas en los últimos meses y te están afectando o puede ser que en tu zona haya aumentado mucho la competencia con precios a la baja. En cualquiera caso, cuando un anuncio deja de funcionar como antes, hay que tomar medidas para volver a ponerlo a tope:

- El propio Airbnb te pedirá que actualices el anuncio cada cierto tiempo con las nuevas opciones que van incluyendo.

- Revisa y modifica la descripción, puedes añadir las respuestas a las preguntas más frecuentes o alguna novedad. Si llevas mucho tiempo sin revisar la descripción seguro que se te ocurre otra forma de describirlo.

- Cambia el título, si no habías puesto antes algún emoticono ahora te toca darle un toque de alegría.

- Modifica el orden de las fotos, e incluso puedes hacerle una captura de pantalla a una súper evaluación que hayas recibido recientemente y añadirla a las fotos.

- Reduce los precios, por lo menos temporalmente, a veces bajando un euro el precio por noche es suficiente.

- Disminuye el precio de la limpieza o el de los huéspedes extra.

- Modifica la distribución de los muebles, después pide una nueva sesión de fotos.

- Añade elementos decorativos nuevos, con pocos elementos que ocupen mucho espacio visual puedes dar un buen cambio de imagen.

- Si consideras que la competencia es mucho más fuerte que tú, tendrás que redecorar el apartamento entero para que compita en un nivel superior.

Con todo esto deberías notar cambios significativos en el posicionamiento del anuncio, en el caso de que no aprecies ninguna mejora, siempre puedes publicar de nuevo el anuncio ya con las mejoras mencionadas anteriormente.

# Fórrate

Ya has visto todas las claves para generar el máximo rendimiento con tu propiedad, pero, si todavía quieres ingresar más o incluso dejar de trabajar y montarte un imperio de propiedades, ha llegado el momento de forrarte con Airbnb.

## Ingresos extra

Existen cientos de formas de obtener ingresos extra con tu Airbnb, solo es cuestión de utilizar un poco la imaginación.

Ninguna de las opciones para obtener ingresos extra tiene que ver con cobrar a los huéspedes por servicios básicos como las sábanas o las toallas y, mucho menos, por el Wi-Fi, sería muy rastrero cobrarles por conectarse a Internet, todavía se ven muchos anuncios con el título de: *free* Wi-Fi, como si no fuese lo habitual; seguro que todavía queda algún anfitrión que va por ahí cobrando el Wi-Fi, aunque no creo que dure mucho tiempo en Airbnb con esa política.

Otros se las ingenian un poco más y quieren cobrar por un minibar como si fuese un hotel, yo sinceramente no lo veo, todo lo que dejes en el apartamento se asume como de uso y disfrute gratuito. Recientemente una súper idea que han tenido varios anfitriones era cobrar por poner Netflix, teniendo en cuenta que puedes tener Netflix solo por ocho euros al mes y encima puedes probar un mes gratis y, además, la mayoría de la gente ya tiene una cuenta, no veo viable la idea, ni siquiera sería rentable porque no se podría cobrar más de dos o tres euros por estancia.

Para recibir ingresos extra hay que ofrecer un servicio que realmente aporte un valor añadido a los huéspedes, veamos unos ejemplos:

**Cobrarles por marranos**

Puedes ofrecer una limpieza de pago durante la estancia, principalmente para estancias superiores a tres días, ofrece este servicio por privado mediante un mensaje o personalmente durante la bienvenida, evita ponerlo en la descripción de Airbnb. Puedes ofrecer este servicio para ganar un pequeño dinero extra y, además, como valor añadido para el huésped. Eso sí, te aviso que cuando solicitan esta limpieza suelen ser bastante guarros y dejan el piso bastante sucio.

**Cobrarles por el aire**

Un poco de aire metido dentro de un plástico es un colchón hinchable de gran utilidad. Recuerda que cuanto mayor es la capacidad máxima de huéspedes mayores pueden ser los ingresos. Si tienes espacio para ello, puedes incluir uno o varios colchones hinchables guardados en el armario, y especificarlo en Airbnb en la sección de camas, justo allí está la opción de colchones hinchables, ya que este fue el concepto original, de ahí viene el nombre de "air" Bnb. Yo, siempre que los huéspedes los han usado, he comentado como anécdota la historia de Airbnb y su versión original de colchones en el salón y que solo por ello todos los apartamentos deberían tener por lo menos un colchón hinchable.

Para ingresar extra por el uso de estos colchones, asegúrate que tienes establecida la tarifa de huéspedes adicionales, como has visto en el capítulo de los precios.

Si algún huésped solicita los colchones, intenta siempre dejar el colchón hinchado o proporcionarles una bomba eléctrica, porque si es una bomba manual y tienen que hincharlo ellos se van a acordar de tu madre y además te pondrán una queja en la opinión.

**Cóbrales por hablar**

Ofrecerles un teléfono móvil con una tarjeta SIM de tarifa nacional es una buena idea. Puedes utilizar tu viejo móvil para ello, contratando una tarifa con bastantes gigas de cualquier operador virtual barato es más que suficiente. Puedes cobrar entre 20 y 30 € por estancia perfectamente, el coste de oportunidad para ellos es muy grande porque tendrían que comprar una SIM nueva, con un número de teléfono nuevo y normalmente suele costar más, incluso tú les estás añadiendo un móvil. Si tú, por ejemplo, contrataras una tarifa por unos 15 € mensuales y ofreces el servicio por 20 € por estancia, podrías ingresar 100 € extra fácilmente. Para evitar sustos en la factura, deberías restringir las llamadas internacionales para que no les dé por llamar a casa.

Como extra, puedes preinstalar *apps* locales para que vengan ya en el móvil, *apps* que sean de gran utilidad cuando estás viajando, como la del metro de tu ciudad, Uber, Cabify, guías turísticas...

Este servicio de móvil será más interesante para turistas de América, China, Rusia, India o cualquier otro lugar donde todavía se apliquen tarifas de *roaming* abusivas, todos los países de la Unión Europea ya cuentan con *roaming* gratuito.

También puedes plantearte ofrecer el móvil local de forma gratuita, para diferenciarte de la gran mayoría, algunas empresas como Onefinestay lo hacen en todos sus apartamentos aunque el servicio y los apartamentos son de lujo. Tú también puedes ofrecer un servicio de lujo como valor añadido, yo nunca he probado a dejarlo de forma gratuita pero seguro que será muy valorado por los huéspedes.

Para que los huéspedes sepan que ofreces un móvil con SIM gratuita, no te limites solo a ponerlo en la descripción, te recomendaría que también sacaras una buena foto del móvil junto con la SIM.

**Gana por recomendar**

Todo el mundo conoce Uber, sin embargo, muy pocos guiris conocen Cabify, porque en su país todavía no está o no es tan conocido. Pero en Madrid por ejemplo funciona mucho mejor que Uber y lo mejor que puedes hacer es recomendárselo a todo el mundo, encima les vas a regalar el primer viaje gratis y nadie puede rechazar una oferta tan suculenta. Lo mejor de todo es que cuando ellos usan su primer viaje gratis, tú vas a recibir crédito para tus propios viajes. Por cierto, si tú también quieres un viaje gratis en Cabify usa el código VlADM18 en tu primer viaje.

Seguro que existen un montón de *apps* con la opción de recomendación y, además, cualquiera que pueda ser de utilidad para tus huéspedes no dudes en recomendarla. De hecho, el propio Airbnb tiene un sistema de afiliados que recompensa muy generosamente cuando invitas a un nuevo anfitrión. Inicialmente te gratificaban con 100 € por invitar a anfitriones y 50 € para los que aceptaban tu invitación, poco después quitaron la recompensa para el amigo que venía recomendado y encima bajaron a 89 € la recompensa por recomendar, recientemente la han vuelto a subir a 160 €, que es lo que recibí por mi última recomendación. Así que, cuando estés en el bar con tus amiguetes contándoles la pasta que te sacas con Airbnb, no te olvides de invitarles con tu código y ya de paso pagarles las cervezas.

Lo único malo de las recompensas es que solo te permiten un máximo de 25, yo casi las tengo todas completadas.

**Cóbrales por llegar tarde**

Estaría bien cobrar por todos los retrasos, eso sí que sería un buen ingreso extra, pero no me refiero a eso. Me refiero a los que quieren llegar más tarde de las 22 horas (horario que consideramos nocturno). Es totalmente lógico y comprensible que establezcas unas tarifas extras para bienvenidas entre las 22 y las 24 horas, o incluso más tarde si quieres recibir de madrugada. Yo cobraba 20 € por bienvenidas a partir de las 22 horas hasta las 24 horas, y no recibía a nadie más tarde, aunque si alguno se retrasaba tocaba esperarle.

Estas tarifas por horario nocturno tienes que especificarlas en la descripción y en especial en las normas de tu Airbnb, para que no le pillen a nadie por sorpresa. A pesar de ponerlo en todas partes, hay muchos listos que reservan utilizando la reserva inmediata sin mirar la descripción y las normas, que después te dicen que quieren llegar a las 23:30 y se sorprenden cuando les dices que tienen que pagar 20 €. Aunque, por lo general, nadie tendrá problemas en pagar 20 € en el momento del *check-in*, siempre hay algunas excepciones. Así nos sucedió con una chica de Estados Unidos que nos dijo que en España a las 22 horas se cenaba y que no le parecía justo pagar por llegar a las 23 horas, que total solo había pasado una hora desde la cena. Como dice el refrán: "De todo hay en la viña del Señor".

## Adelanta los ingresos

Payfully.co es una empresa que permite ingresar por adelantado las reservas que tengas confirmadas en Airbnb. Cobran una comisión del 3-10 % dependiendo del tiempo que se adelante el dinero, pero en 24 horas tendrás el dinero en tu cuenta, sin preguntas y sin presentar mil papeles, solo te pedirán tu cuenta de Airbnb. Esto te será de gran utilidad si tienes muchas reservas confirmadas con antelación, yo he llegado a tener con algún piso los próximos 3 meses llenos. Para imprevistos o incluso para financiar la compra de otro apartamento, Payfully es de gran utilidad.

## Utiliza otras webs

Ponerle los cuernos a Airbnb tiene sus ventajas e inconvenientes, de modo que antes de hacerlo tienes que ver si tu relación con Airbnb te satisface. Consigues una ocupación alta a un buen precio, con buenas evaluaciones y buenos huéspedes, entonces no te molestes en buscar en otra parte. Por el contrario si no te satisface o lo que quieres es probar cosas nuevas, debes buscarte al mejor amante: Booking, Homeaway, TripAdvisor, Wimdu, sharedHouse, Housetrip, onlyapartments, Homelidays Misterbnb... El mercado está a rebosar y te lo puedes montar con todos a la vez si quieres, pero la mayoría no sirven para nada. Hay que escoger solo a los mejores, desde mi experiencia, de la lista anterior solo sirven de algo los tres primeros.

Booking.com es la web de reservas más grande del mundo y con más experiencia, principalmente en hoteles. Prepárate para recibir reservas de forma directa, sin consultas ni preguntas y sin fotos del huésped, nada más que sus datos de contacto y el día que llega. Todo es más impersonal, como si fuese un hotel. La comisión es de un 18% y el dinero te lo enviarán en los 15 primeros días del mes siguiente, aunque también tienes la opción de poner un datáfono y cobrarles cuando lleguen. Por mi experiencia, Booking representa un 15-20 % de las reservas para algunos pisos. En cuanto a Homeaway y TripAdvisor tienen un funcionamiento similar a Airbnb, pero en mi caso las reservas por estas webs han sido residuales (3-5%).

Estarás pensando que no pierdes nada por tener un anuncio publicado en todas las webs. Pero no es tan fácil como parece, publicar el anuncio en cada web requiere su tiempo, de hecho, mucho más tiempo del que requiere Airbnb donde está chupado en comparación con el resto. Pero no es solo publicar el anuncio, sino gestionarlo lo que puede ser un auténtico quebradero de cabeza. Tienes que optimizar los precios en todas las webs, responder consultas o preguntas si corresponden, dejar evaluaciones, comprobar que los calendarios se sincronizan correctamente para evitar reservas dobles... Todo esto se puede gestionar de forma conjunta si tienes un Channel manager, que por lo general cuesta un dinero al mes y tienes que aprender a usarlo, no sé si compensará lo que cuesta con las posibles reservas que podrían entrar por otras webs.

Si te funciona Airbnb no te compliques, y, si no te funciona, intenta reoptimizar tu anuncio o incluso volverlo a publicar de nuevo. En último caso puedes intentarlo con otras plataformas, empezando de una en una por las más potentes como Booking.com y no por todas a la vez, ya que como dice el refrán: "quien mucho abarca poco aprieta"

**Pídeles una propina**

Como los botones de los hoteles de antaño, puedes pedirles una propina, pero no lo hagas directamente porque puede ser una situación un poco violenta y a la que no estén acostumbrados. Te recomiendo comprar una hucha y ponerle un cartelito que ponga "*tips* y propinas". Tienes que dejar la hucha en un lugar visible, como una estantería o al lado del libro de firmas, es mejor que no les digas nada a los huéspedes sobre la misma, que la descubran ellos. Desde el principio introduce algunas monedas para que la hucha suene y parezca que ya te han dejado propina unos cuantos, de esta forma conseguirás que por lo menos se planteen dejarte unas monedas. No pienses que vas a forrarte con las propinas, pero es divertido recibir ese pequeño extra, que a mí me recuerda a la infancia, además es una experiencia única para los huéspedes que seguro que recordarán. Por cierto, no dejes una hucha que se pueda abrir, mejor utiliza una hucha que se tenga que romper, no vaya ser que algún huésped tenga necesidades de liquidez.

**Ofrece una experiencia**

Las nuevas experiencias de Airbnb lo están petando, y puedes aprovecharte de ello creando tu propia experiencia. Airbnb exige unos criterios de calidad para ofertar este tipo de actividades como el acceso a lugares donde el turista no suele ir, el conocimiento del anfitrión que muestra la actividad o la originalidad del plan. Barcelona fue en 2017 la ciudad número uno en el ranking mundial en reserva de experiencias en Airbnb, donde más de la mitad fueron de tipo gastronómico.

## Automatiza

Después de varios meses de gestión, respondiendo todas las consultas, escribiendo decenas de evaluaciones, contestando un montón de mensajes, optimizando precios a diario... puede ser que ya empieces a cansarte del trabajo más rutinario. Tengo buenas noticias, puedes poner a una máquina a hacer tu trabajo. Smartbnb es un *software* muy potente que te permite realizar de forma automática todo tu trabajo sin tener que mover un dedo. Primero tienes que establecer de qué quieres que se encargue el programa, por ejemplo puede responder a todas las consultas con un mensaje predeterminado; el modelo del mensaje lo puedes establecer tú para no parezca un robot, incluso puedes crear plantillas para que se refiera el huésped por su nombre, o ponga la fecha o el nombre de tu Airbnb... He visto a gente que se ha puesto hablar con la máquina sin ni siquiera imaginarse que estaban hablando con una máquina. Está claro que la máquina no puede responder a preguntas complejas, pero siempre que te pregunten por algo que previamente hayas preestablecido con una respuesta como el Wi-Fi, parking, la dirección... el sistema enviará la respuesta automática sin que el huésped se pueda dar cuenta de que es un robot. En cualquier caso, siempre es mejor que revises las conversaciones, ya que existe una opción en la que el sistema te enviará primero el mensaje a ti para que lo aceptes o modifiques. La mayor ventaja de los mensajes automáticos es la respuesta a las consultas, con su dichoso relojito, con este sistema se responderán de forma automática en segundos a cualquier hora del día. Además, los mensajes automáticos se pueden programar para dar las gracias por una reserva, para preguntar por la hora de llegada unos días antes o cuando tú lo establezcas y, por supuesto, cuando se marchen les puede enviar un mensaje automático para decirles que le hemos dejado una buena opinión. Por si fuese poco, el sistema puede escribir él solito la opinión a los huéspedes poniendo su nombre y siguiendo la plantilla que hayas preestablecido.

Pero eso no es todo, puede responder a los mensajes en varios idiomas, por lo menos en los principales, detectando automáticamente en qué idioma le escriben.

También puede avisar por e-mail al personal de la limpieza y a la persona responsable de las bienvenidas, cada vez que entre una nueva reserva, enviándoles la información de la fecha de entrada y el número de huéspedes.

El sistema está evolucionando para ofrecer optimización de precios, informes del mercado y mucho más.

La plataforma es muy fácil de utilizar e incluso ofrece soporte de atención al cliente gratuito y súper rápido mediante su chat interno. La única pega es que de momento toda la plataforma y el soporte son en inglés. En cuanto al precio, tan solo cuesta 15 € al mes, con una prueba gratuita inicial de 15 días, sin tan siquiera poner el número de tarjeta.

Para la optimización de precios automática tenemos PriceLabs, que también es una bestia. Además de optimizar los precios a diario varias veces al día, puede detectar huecos entre varias reservas y modificar la estancia mínima de ese hueco para conseguir ocupación, puede establecer un mínimo de noches muy grande para reservas futuras, incluso que este vaya disminuyendo a medida que pasa el tiempo. Igual que los precios y la estancia mínima para reservas de última hora. PriceLabs puede hacer de todo, pero lo hará según tus directrices, ya que eres tú quien tiene que establecer el precio mínimo y máximo que aceptarías, al igual que los días de estancias mínimas y máximas. Una vez que hayas establecido las reglas del juego, PriceLabs jugará según ellas.

PriceLabs tiene un precio de 20 dólares mensuales, aunque los 30 primeros días son gratuitos y muy útiles para comprobar si te funciona.

En cuanto a la facilidad de uso, es sencillo de usar el funcionamiento básico, sin embargo, es más complejo para las opciones más sofisticadas, además de que es necesario un poco de práctica.

## Externaliza

Si lo tuyo no es ser anfitrión, no tienes tiempo suficiente o ya te has cansado de gestionarlo todo tú, este es tu capítulo.

Antes que nada, me gustaría explicar el concepto del tiempo que supone la gestión completa de un apartamento, porque mucha gente menosprecia el trabajo de los gestores pues solo ven la parte superficial, como una bienvenida o la limpieza. El trabajo de una empresa gestora, es un trabajo de 24 horas al día, los 365 días del año, sin festivos ni vacaciones. A cualquier hora del día al huésped le puede ocurrir cualquier cosa, he atendido decenas de llamadas de madrugada y solucionado problemas de todo tipo a altas horas de la noche, como he ido contando a largo de todo el libro las situaciones que se pueden presentar pueden ser del todo surrealistas.

En definitiva, además del trabajo visible y medible en horas de gestión, limpieza y bienvenidas, cuando se contrata una gestión completa se contrata la disponibilidad a cualquier hora para resolver cualquier problema.

Hay dos formas de externalizar la gestión de tu Airbnb, puede ser una externalización total o parcial. La externalización parcial puede ser una combinación de automatización y externalización de algún servicio, como las bienvenidas y las limpiezas; la limpieza, como he explicado antes, siempre es el primer servicio que se externaliza, seguido de las bienvenidas. Tú puedes seguir encargándote de las comunicaciones y gestionando al personal, aunque al final este sistema híbrido por lo general suele consumir mucho tiempo, sobre todo si el personal trabaja mal o tiene fallos. Aunque con un poco de disciplina y eligiendo al personal adecuado se puede intentar, pero si dependes de pocas personas, a veces puede ser complicado, recuerda que es un trabajo de 365 días, en ocasiones puede haber una limpieza y bienvenida un domingo que nadie quiera trabajar. O, peor aún, un día festivo como el 1 de enero. Este último 1 de enero yo tuve 3 limpiezas con sus correspondientes bienvenidas y te aseguro que no es fácil encontrar personal para ese día. Si realmente quieres despreocuparte del todo tiene que ser mediante un servicio de gestión completa.

La externalización completa puede ser mediante la contratación de una empresa o la contratación de un particular. Son muchos los que prefieren un particular simplemente por el precio, sin tener en cuenta todos los servicios que podría realizar una empresa profesional, y sin ni siquiera plantearse que la generación del rendimiento que genere tu propiedad depende directamente de quien lleve la gestión, como vas a comprobar mas adelante. El problema adicional, es que la mayoría de particulares, por no decir todos, no están dados de alta y no emiten facturas por sus servicios. Aunque a primera vista te pueda parecer mejor porque así te ahorras el IVA, no lo es en absoluto, sobre todo cuando te toque declarar los ingresos y no puedas desgravarte nada de lo que hayas pagado al particular.

Para ayudarte en la búsqueda de la mejor empresa gestora, voy a darte unas pautas que deberías mirar en cada empresa.

**Las tarifas**

Cuando llega un nuevo cliente, una de las primeras cosas que quiere saber es la tarifa. Por lo general las empresas de este sector todas cobran un porcentaje de los ingresos y los ingresos dependen directamente de la gestión, por lo tanto, la pregunta correcta sería por la habilidad o capacidad para generar ingresos. Desconozco el motivo, pero la gran mayoría asume que dos empresas distintas generarán los mismos ingresos para el mismo piso. Lo ideal es empezar preguntando por la ocupación y el precio medio que consigue la empresa en sus apartamentos. Incluso lo mejor es solicitar una estimación de ingresos. No influye en absoluto si una empresa cobra un 25% y otra un 20%, mientras que la primera sea capaz de generar un mayor rendimiento para el propietario. Además siempre hay que sospechar de las empresas más baratas del sector, porque seguramente están abaratando costes en servicio o personal, y los ingresos dependen directamente de los servicios y la gestión que se realice, de manera que si esta es precaria, puedes estar con la empresa más barata del sector y obtener los ingresos mas bajos del sector.

**Servicios**

Empezando por el servicio de limpieza, pregunta siempre si el personal de limpieza es externo o propio, la limpieza es un pilar fundamental en todo el proceso como he explicado antes. Lo mas complicado es el control de la calidad de la limpieza, porque el personal puede ser muy profesional y trabajar de forma sistemática, pero no dejan de ser humanos y pueden cometer errores. Por ello, el servicio de limpieza no debería subcontratarse a otra empresa externa, porque no se puede controlar de forma efectiva. Un sistema de control riguroso solo se consigue con personal de limpieza propio bajo la supervisión del equipo de operaciones.

Los servicios de limpieza deben incluir sábanas y toallas de *renting* propiedad de la empresa, como si fuese un hotel, es el estándar normal en todas las empresas del sector.

La limpieza no se debería basar solo en limpiar y preparar las camas, también deberían proveer todo lo esencial (papel higiénico, gel, champú, básicos de cocina y desayuno).

Incluso un buen detalle de bienvenida, por ejemplo, Hostmaker tenia un paquete de bienvenida específico para cada ciudad, con 4-5 productos típicos de la zona. Ya sé que antes he dicho que los regalos no son valorados por todo el mundo y es mejor el trato personal. Pero en una empresa grande es más complicado conseguir un trato personal, tan personalizado como el que podrías dar tú, por lo tanto, los servicios tienen que ser excelentes y cuanto más valor aporten mejor, de hecho, los huéspedes son más exigentes con una empresa que con un particular. Además, todos estos servicios extra en conjunto, son los que permiten cobrar a la empresa un precio superior por la estancia y que el huésped salga contento, por todo el valor extra que recibe.

Por otro lado, el personal de limpieza debería hacer una revisión de la casa, para comprobar que todo está como debería y todo funciona correctamente. En caso de que algo no funcione, la empresa debería contar con su propio servicio de mantenimiento, por lo menos para las tareas más básicas (apretar un tornillo cambiar una bombilla…). Y tener la capacidad de gestionar cualquier incidente mayor mediante personal externo.

Solventado el servicio de limpieza y mantenimiento, deberías preguntar por la comunicación con los huéspedes, para saber si tienen atención 24 horas, que sería lo ideal, o si después de las 8 de la tarde apagan el teléfono, y ya puede quemarse tu casa que ellos no se enterarían de nada. Obviamente siempre deberían tener un servicio de atención las 24 horas del día.

Pregúntales también por el proceso de recepción de los huéspedes, si es presencial en el mismo apartamento, o si los huéspedes tienen que recoger las llaves en algún sitio mediante una caja de seguridad o pasarse por alguna cafetería con Keycafe o similar. Aunque soy partidario de una recepción personal, si el proceso de llegada autónomo es sencillo para el huésped, este sistema tiene muchas ventajas (llegada a cualquier hora, sin retrasos, sin esperas para la persona que recibe…) yo mismo he probado esto en numerosas ocasiones y nunca tuve problemas y los huéspedes seguían dejando evaluaciones de 5 estrellas.

Por ultimo, interésate por su estrategia de precios, es fundamental que tengan un equipo especializado solo en precios, que estén todo el día optimizando, siguiendo las demandas, consultando bases de datos…

**Referencias**

Lo que te pueda contar cada empresa sobre sus servicios o la estimación que te hayan enviado, no deja de ser todo teoría sobre papel, necesitas ver cómo trabajan, no te cortes y pídeles por lo menos 10 enlaces de anuncios que gestionen en Airbnb. Las evaluaciones de Airbnb no engañan, aparecen detallados todos los parámetros (limpieza llegada, comunicación...). Fíjate sobre todo en la puntuación de la limpieza. También deberías fijarte en el número de evaluaciones que tiene el anuncio, para tener una idea del tiempo que llevan gestionándolo, si tienen más de 50 evaluaciones es muy buena señal de una gestión excelente sostenida en el tiempo. También podrías observar otros parámetros como el precio que tiene, el calendario, las fotos...

**Acceso a las cuentas**

Todas las empresas relativamente grandes, trabajan con su propio *Channel manager* para gestionar las cuentas de Airbnb, Booking... El problema es que cuando utilizan este sistema no pueden facilitar el acceso a todas las cuentas al propietario, a alguna sí que pueden pero prefieren no hacerlo. Lo que sí deberían hacer todas es facilitarte acceso al calendario de tu propiedad sincronizado con todas las plataformas. De esta forma podrías ver la ocupación, el número de reservas, los precios por noche... Además, por supuesto, te deberían enviar el enlace de tu anuncio para que puedas ver las evaluaciones que recibe. Con esta información sería más que suficiente para saber qué resultados obtienen. ¿De verdad necesitas ver todas las conversaciones y los mensajes que envían a los huéspedes? Hay algunas empresas que dan acceso a los propietarios a las cuentas de Airbnb; yo, por ejemplo, lo hacía y sinceramente me arrepiento de ello, porque si eres un tocapelotas que estás todo el día mirando cada mensaje y poniendo pegas a cada cosa, eres la peor pesadilla para un gestor. Además si contratas un servicio de gestión completa es para que tú no te preocupes por nada y dediques tu tiempo a otra cosa más productiva. Lo único que deberías mirar cada cierto tiempo (uno o dos meses) son los ingresos que recibes y las evaluaciones que va recibiendo tu anuncio y si alguna vez ves una opinión negativa no es el fin del mundo, como he explicado antes, no le montes un pollo a la empresa por ello. Obviamente si reciben muchas opiniones negativas y además pocos ingresos, debes plantearte buscar otra empresa, nunca estés más de tres meses con una empresa que no funciona.

**¿Quién recibe el dinero?**

Algunos responden con un NO rotundo cuando se les dice que la empresa gestora recibe todo el dinero de las reservas y después a principios de mes se lo envían al propietario. Está claro que todos preferimos el dinero en nuestro bolsillo, pero es la empresa la que realiza un servicio que no va a cobrar hasta final de mes; siempre existe el riesgo de que venga un listo que no quiera pagar y te lo digo por experiencia propia. Para evitar estas situaciones es mejor que la empresa reciba el dinero o bien te pida una fianza por riesgo de impago. También es probable que solo tengan la opción de recibir ellos los ingresos, para simplificar la gestión y porque, como he comentado antes, cada plataforma tiene una forma de funcionar distinta respecto a los pagos. Mientras que la empresa tenga cientos de referencias y muchos clientes, no deberías preocuparte, sin embargo si la empresa es nueva y sin referencias deberías tomar algunas precauciones.

**Tamaño de la empresa**

El tamaño sí importa para la elección de la mejor empresa, en la actualidad existen muchas empresas pequeñas que se dedican a este negocio, la mayoría tienen una decena apartamentos, por lo general están gestionadas por un equipo pequeño y ofrecen un trato muy personal. Todos tenemos un principio y empezamos siendo pequeños alguna vez, el problema de estos equipos pequeños es que sean poco profesionales y que no evolucionen. En mi caso, estuve unos 6 meses aprendiendo a gestionar unas pocas propiedades, y entonces empecé a crecer, pero dada la dificultad de encontrar un buen equipo, lo que suponía muchos cambios de personal y problemas en la gestión, aunque los resultados eran buenos la gestión interna era un caos y dependía de mi para cualquier proceso y en muchos casos era imposible aplicar todo lo que explico en este libro.

No deberías contratar una empresa pequeña, porque tienes una dependencia enorme del personal que lleva la gestión, que además suele depender de una única persona, cuando esta persona se canse, se sature o simplemente se marche de vacaciones se acabarán los buenos resultados.

Por otro lado, las empresas grandes también pueden ser un caos si la gestión y organización está mal organizada, pero esto se observa en las referencias que he comentado antes. Cuando una gestión esta organizada por equipos diferenciados es cuando se convierte en profesional, cada equipo tiene sus protocolo, estándares, controles y objetivos que cumplir, y si una persona se marcha todo sigue igual. Además, una empresa con mayores recursos dispone de unos servicios que muy difícilmente podría conseguir una empresa pequeña (*check-ins* 24 horas, servicio de sabanas y toallas de *renting*, servicios de mantenimiento…) todo esto es una ventaja competitiva que se convierte en mejores resultados, que al final es lo único que te debería importar.

## Otros extras

Si una empresa puede dártelo todo hecho, es un gran punto a favor. Servicios como gestión y tramitación de la licencia de uso turístico, una sesión profesional de fotos gratuita o incluso amueblamiento y decoración de tu propiedad.

Por ejemplo, si puede amueblar y decorar una casa entera para que esté lista para funcionar en 2 semanas, cobrando además una tarifa inferior a cualquier interiorista es un buen extra. Un servicio como este es una gran ventaja para que tú no tengas que preocuparte por nada y, además, como ya sabes, es la mejor opción para aumentar la rentabilidad de tu propiedad.

En definitiva, para la gestión de tu propiedad necesitas la mejor empresa del mercado, la empresa que sea una bestia en gestión y siempre esté enfocada en mejorar para ofrecer el mejor servicio a los huéspedes y a los propietarios.

# Cómo Capear el temporal

Todo lo mencionado en el libro, aunque fue escrito hace más de dos años, sigue siendo igual de valido como lo era entonces, Airbnb no ha cambiado prácticamente desde entonces, lo que puede cambiar y ha cambiado es la situación. Ya sea una crisis económica o una pandemia mundial hay que tomar medidas rápidamente. Los apartamentos turísticos tienen ventaja sobre los hoteles, porque no tienen que mantener una estructura de costes elevada ni llenar todas las habitaciones, lo que provoca ademas que los hoteles cierren en estas fechas, pero en las ciudades grandes siguen habiendo viajeros, ya sea por trabajo, salud o por el motivo que sea. Y aquí es donde los apartamentos turísticos tienen que aprovechar su flexibilidad y tamaño para atraer huéspedes.

Hay que tomar medidas excepcionales si queremos capear el temporal. Porque es evidente que no es posible mantener la misma rentabilidad que se tenia antes, pero si podemos mantener una alta ocupación y generar unos ingresos que superen al alquiler tradicional seguirá siendo rentable mantener el alquiler turístico y esperar a que lleguen mejores tiempos. Pero primero de todo tenemos que asegurarnos de que siguen existiendo viajeros en la zona, porque donde no hay, no hay donde coger. Si tu apartamento se encuentra en un lugar totalmente dependiente de los turistas extranjeros, será complicado mantener una alta ocupación, por el contrario si se encuentra en una ciudad grande donde antes ya recibías huéspedes que venían por trabajo o para visitar a un familiar o cualquier otro motivo que no fuese hacer turismo sin más, entonces es más probable que se pueda mantener una ocupación alta. En cualquier caso, te recomiendo probar las siguientes medidas que son las que yo he aplicado para mantener una ocupación superior al 80 % en mi apartamento de Madrid que he mantenido en activo durante la pandemia. Estas han sido las ocupaciones que he conseguido en últimos meses:

| junio de 2020 | |
| --- | --- |
| Noches reservadas | 24 |
| Noches sin reservar | 5 |
| Ratio de ocupación | 82% |

| julio de 2020 | |
| --- | --- |
| Noches reservadas | 26 |
| Noches sin reservar | 4 |
| Ratio de ocupación | 87% |

| agosto de 2020 | |
| --- | --- |
| Noches reservadas | 29 |
| Noches sin reservar | 2 |
| Ratio de ocupación | 92% |

| septiembre de 2020 | |
|---|---|
| Noches reservadas | 25 |
| Noches sin reservar | 5 |
| Ratio de ocupación | 83% |

| octubre de 2020 | |
|---|---|
| Noches reservadas | 25 |
| Noches sin reservar | 6 |
| Ratio de ocupación | 81% |

Hay que tener en cuenta que generalmente sigo trabajando con una estancia mínima de 2 noches, por lo que las noches sueltas sin reservar realmente no pueden ser reservadas, lo que se traduce en ocupaciones cercanas al 100 %, tal como tenia antes de la pandemia. Y mientras escribo esto (20 de octubre del 2020) todavía no ha terminado el mes en curso, y todavía podría recibir reservas los últimos días de mes que están disponibles.

Si tú también quieres llenar tu Airbnb en época de crisis, las siguientes estrategias son las que te recomiendo aplicar.

### 1. Ponle un precio de 500 € por noche

No me he vuelto loco, esto es lo primero que tienes que hacer para atraer huéspedes, coge la próxima semana que tengas libre en tu apartamento, selecciona una semana y establece un precio de 500 € por noche y después al día siguiente establece un precio de 200 € por noche. Hazlo de momento solo para una única semana, no te emociones y no lo hagas para todas las semanas. Si tu Airbnb ya tiene un precio por defecto de 500 € por noche, entonces ponle un precio de 700 € o un precio superior al habitual que tengas, pero hazlo siempre en dos tramos de por ejemplo: 600 € y 700 €.

## 2. Aplica la "jugadita"

Selecciona esa semana que has puesto con un precio por las nubes y establece una oferta personalizada, la oferta personalizada es una opción que tiene Airbnb especifica que podrás encontrar en el apartado del calendario de tu anuncio de Airbnb, esta opción solo esta disponible en la pagina web y no esta disponible en la app de Airbnb por lo menos no esta disponible mientras escribo esto, quizás la actualicen en el futuro.

Las promociones personalizadas son una nueva forma de atraer la atención de los huéspedes, yo habitualmente solo las utilizaba para esas típicas fechas que quedaban libres en el calendario pero desde que empezó la pandemia se han convertido en la práctica habitual. Estas promociones funcionan de una forma especifica que voy a explicar detalladamente.

Las principales ventajas de estas promociones es que el precio anterior aparece tachado y que Airbnb promociona el anuncio para llegar a más gente, por lo que ya de entrada es más efectivo que bajar solamente el precio.

Aunque no siempre es igual de efectiva la promoción porque Airbnb no siempre promociona el anuncio, ya que depende del porcentaje del descuento que se aplique. Si la oferta es solo del 10 % de descuento, Airbnb solamente mostrará el precio anterior tachado, pero si subimos un poco la apuesta al 15 % Airbnb pondrá un mensaje en la página del anuncio que destacará la oferta y si la oferta es superior al 20 % el anuncio se envía por mail a todos los huéspedes que están buscando un apartamento para esas fechas. Obviamente no hace falta decir que esta ultima opción es la que mejor funciona y la que en todos los casos, el menos en mi caso, me ha garantizado que se reservara.

Teniendo en cuenta lo anterior el descuento debería ser siempre igual o superior al 20 %, pero no es tan sencillo como subir el precio el día anterior y después bajarlo haciendo la oferta, porque Airbnb no nos no lo pone tan fácil, porque no utiliza el precio del día anterior, ni siquiera el precio medio, utiliza el precio mediano (valor conocido como la mediana) es el valor que ocupa la posición central, y ademas si durante los últimos 30 días, se han establecido 4 precios diferentes por noche. Entonces se calcularía el precio sumando los 2 precios medios juntos, luego los dividirían entre 2 para obtener el precio mediano. Veamos un ejemplo:

Supongamos que el precio habitual por noche es de 60 €, pero también ha estado en 69 €, y con la jugadita hemos puesto unas noches a 100 € y 200 € algunos días. Entonces el calculo que haría Airbnb automáticamente sería: $(69 + 100)/2 = 84,5$ €. Por lo tanto, el precio sobre el que Airbnb nos aplicará el descuento que nosotros elijamos es de 84,5 €. Todo esto se hace para poder aplicar un descuento mayor sobre el precio, de esta forma tener mayores posibilidades todavía de conseguir más reservas, porque en igualdad de condiciones si te enseñan dos precios pero uno pone que está rebajado un 20 % y el otro un 40 % elegirás obviamente el del 40 % porque a simple vista parece que el valor percibido es mayor, y encima el descuento también es superior, ademas de esta forma se intenta que el huésped tome una decisión de forma más rápida e impulsiva que deje de comparar y reserve mi apartamento. Como se suele decir "hecha la ley, hecha la trampa" algunos podrán decir que es poco ético pero no deja de ser una estrategia de Marketing muy utilizada en todas partes. Si vas a aplicar esta "jugadita" tienes que evitar los precios excesivamente altos, porque el propio Airbnb avisa que no aplicará el descuento si el precio es excesivamente elevado.

Dicho todo esto, no es necesario complicarse tanto, se puede simplemente hacer una rebaja del 20 % y reservar el apartamento sin problemas, todo depende de la competencia que tengas y de la demanda que haya en la zona, pero ya sabes si ves que no lo alquilas siempre puedes probar la "jugadita".

Por último, hay que tener en cuenta que la oferta solo es aplicable para periodos como máximo de 14 días y que para aplicarla Airbnb exige que las fechas que se quieren poner en oferta hayan estado disponibles en los últimos 28 días, ya que, son los que utiliza para calcular el precio de la mediana.

Como he dicho antes, esta estrategia es la que he estado aplicando yo como base, y gran parte de las reservas han entrado gracias a ella, pero también he bajado el precio de forma normal en el calendario sin poder aplicar la oferta, debido a su limitación de 14 días, que se pueden ir renovando a medida que se van reservando los días, pero sigue siendo una limitación.

## 3. El primero gana

En la situación actual en la que ya prácticamente han desaparecido las fechas de alta demanda, como era el orgullo gay, la semana santa o el Mad cool... la optimizaron de precios al alza ha dejado de tener sentido y ahora es la optimizaron de precios a la baja la que reina, en este caso dado que no existe una demanda conocida, estamos ante un punto donde el primero en bajar de precio gana. En cuanto salieron las primeras sospechas de que iban a confinar a toda la población yo lo primero que hice fue bajar drásticamente el precio por noche para intentar reservar el apartamento al primer huésped que lo necesitará. He continuado haciendo la misma estrategia desde entonces, porque ante un escenario incierto como dice el refrán: "Más vale pájaro en mano que cien volando". Mi recomendación es bajar precios con una antelación de 60 días, empezar con un precio bajo pero no llegar al mínimo rentable hasta que no tengas las fechas encima. Si te estás preguntando cuanto hay que bajar el precio, la decisión debería estar basado en mercado de tu zona, haciendo una rápida búsqueda podrás ver los precios que ofrecen la competencia, es decisión tuya igualar o bajar el precio. Como extra para compensar ligeramente los precios bajos, se puede subir ligeramente el precio de los gastos de limpieza.

### 4. Evita las comisiones de Airbnb

Quizás esta sea la jugada más macabra de todas, y más teniendo en cuenta que Airbnb como compañía vio como en 8 semanas su facturación caía un 80 %. Pero esta jugada no es algo que vaya a aplicar a menudo y espero que tú tampoco ;) Si te has fijado en los datos del mes de Agosto he tenido 23 noches reservadas y 2 noches libres, pero obviamente Agosto no tiene 25 días. Aquí puedes ver una captura del mes de Agosto:

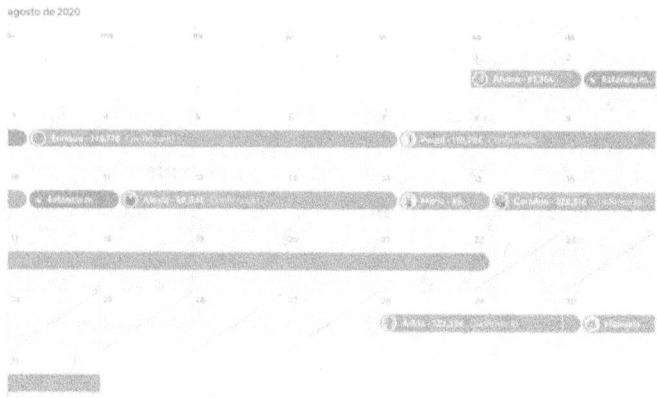

La huésped Caroline que aparece en el calendario del 15 al 22 de Agosto, quiso alargar su estancia hasta el 27 de Agosto, pero le propuse para que tanto ella como yo evitáramos las comisiones el pago mediante Airbnb pero haciéndolo mediante la opción de solicitar dinero, en vez de alargar la estancia mediante la ampliación de fechas que si que conllevaría comisión de Airbnb. Obviamente también podría habérselo cobrado en efectivo pero yo ni siquiera estaba en Madrid para hacerlo y esperar al día de la salida puede conllevar el riesgo de que el huésped haga un "sinpa". Entonces simplemente hay que solicitarle el dinero mediante Airbnb, en este caso Airbnb funciona como una simple pasarela de pago que ni siquiera cobra una comisión por la transacción y el dinero se recibe al día siguiente en la cuenta bancaria. No digo que tenga que ser una practica habitual pero es una opción muy recomendable para que tanto el huésped como el propietario se puedan ahorrar un pellizco de Airbnb.

**5. Hazle caso en todo a Airbnb**

Airbnb ha lanzado desde que empezó la pandemia múltiples recomendaciones y nuevas secciones, esta bien que las cumplamos y como he dicho a lo largo del libro es importante que le hagamos la pelota a Airbnb.

Lo primero y fundamental es marcar que se cumple con el protocolo de limpieza avanzado que ha lanzado Airbnb, haciendo un pequeño test enseguida podrás cumplirlo y se pondrá en tu anuncio. Por otro lado, es conveniente que lo especifiques en la descripción del anuncio el hecho de que sigues este protocolo y que la limpieza se hace con desinfectante dejando unas horas entre cada huésped, esto tranquilizará a los huéspedes más miedosos y ademas le gustará a Airbnb.

Ademas es conveniente que si podemos se ofrezcan alguno o todos estos servicios que Airbnb recomienda en esta situación:

- Cancelación flexible
- Reduce el preaviso
- Elimina tu límite de duración de la estancia
- Ofrece la opción de llegada autónoma

Una vez aplicado todo esto, tienes que ver si consigues reservas que merezcan la pena, en mi caso es así y sigue siendo algo más rentable que el alquiler tradicional, la idea obviamente es esperar y como digo capear el temporal, esperando que la situación se vaya recuperando, como dato curioso ya tengo confirmada una reserva para. Mayo del 2021, y espero que poco a poco sobre todo de cara a la primavera del 2021 se vaya recuperando la situación.

Si por el contrario, no recibes suficientes reservas y no te merece la pena mantener el alquiler turístico siempre puedes probar el alquiler por meses sueltos o el alquiler tradicional durante un año con la esperanza de volver a Airbnb cuando empiece a recuperarse la situación, es probable que la situación que vivíamos antes no se recupere rápidamente pero lo que está claro es que Airbnb no va a desaparecer y las personas seguimos y seguiremos viajando, haya o no haya pandemia.

# ¿Conquistará Airbnb el mundo entero?

Desde su creación en 2008, más de 200 millones de huéspedes han viajado con Airbnb. En la actualidad cuenta con más de 4 millones de alojamientos en 191 países. Con un crecimiento imparable en todo el mundo, Airbnb está cambiando la forma de viajar y creando un nuevo paradigma en el sector. ¿Pero por qué tiene tanto éxito? En primer lugar porque Airbnb mola mucho, nace como una red social basada en la confianza entre los usuarios, en un contexto de economía colaborativa relacionada con el apasionante mundo de los viajes. Ofreciendo al usuario la experiencia de vivir como un local, a un precio más bajo que un hotel y además con el trato personal de un anfitrión local. No te dejes engañar, Airbnb no vende una cama, ofrece toda una experiencia de alojamiento social.

La confianza mutua se consigue tanto con las evaluaciones que recibe el anfitrión como las que recibe el huésped. Los beneficios percibidos por otros usuarios que han comentado y valorado sus experiencias, ayudan a tomar una decisión con cierta seguridad, incluso si nunca antes se había contratado este servicio, reduciendo el riesgo percibido por ambas partes.

Además, la integración de las redes sociales en los perfiles, las verificaciones de identidad, las descripciones sobre uno mismo o las listas de recomendación aportan una dosis de confianza extra.

Si a todo esto le sumamos la posibilidad de alojarte en casas únicas (casas de ensueño, áticos impresionantes, villas, islas privadas, casas árbol, cuchitriles, cabañas en el bosque, barcos, cuevas...) más la imagen de marca de atractiva, originaria de San Francisco, cuna de todas las empresas de moda de los últimos años, obtenemos como resultado una combinación perfecta para el éxito.

**¿Seguirá creciendo Airbnb?**

A nivel mundial la fiesta solo acaba de empezar, todavía mercados como América latina y Asia están por expandir.

El mayor indicio de continuidad y crecimiento futuro está en la integración de Airbnb en la sociedad, principalmente entre los jóvenes; es complicado encontrar a alguien que no sepa lo que es Airbnb, pero no es solo esto, en los hábitos de viaje ya está implementado el hecho de buscar primero un Airbnb antes que un hotel.

Cada día se registran miles de usuarios nuevos y, entre los que ya están registrados, la mayoría de huéspedes solo tienen unas pocas evaluaciones, así que todavía les falta mucho mundo por recorrer.

En el lado contrario, va calando poco a poco la idea de la nueva forma de viajar y entender el mundo; ahora, cada vez más personas compran casas con la idea de realquilarlas luego, cuando no estén o cuando se marchen de vacaciones, para sacarse un dinero extra y quizás financiarse otro Airbnb para sus vacaciones.

Ofrecer una habitación de la casa en la que vives es cada vez una práctica más común, que no se hace solo por dinero sino por la experiencia de recibir en tu casa a personas del mundo entero.

Las personas que pasan gran parte de su tiempo viajando y deciden ofrecer su casa mientras ellos no están, lo hacen obviamente por dinero, pero también es una excelente forma de optimizar una propiedad que de otra forma se quedaría vacía durante largos períodos de tiempo.

Y, por supuesto, están aquellos que buscan una mayor rentabilidad de su propiedad y directamente la ofrecen en Airbnb a tiempo completo.

**¿Es sostenible este sistema de crecimiento de Airbnb?**

Tal y como he contado, parece que en un futuro cercano todos tendremos una cuenta en Airbnb y todos estaremos viajando y, al mismo tiempo, estaremos ofreciendo nuestra propia casa. Aunque parece una situación exagerada, es una realidad que ya está ocurriendo. Esto no significa que todas las casas del mundo estarán en Airbnb de modo simultáneo, sino que todos tendremos nuestra casa en Airbnb pero solo la habilitaremos cuando no pensemos usarla. Esto provocará una optimización de recursos increíble nunca vista antes.

**¿Y qué ocurre con las casas que se explotan a tiempo completo?**

Es cierto que esto ya no es economía colaborativa, es tan solo la explotación de un activo en una actividad de hospedería. Puedes darle todo el toque personal que quieras y diferenciarte de un hotel, pero no deja de ser una actividad económica que poco tiene que ver con la economía colaborativa.

Aunque soy un fiel defensor del liberalismo económico y de que el mercado se regule solo, dado que ya vivimos en un mercado regulado, soy partidario de que se regularice correctamente el alquiler turístico, mediante su limitación pero no de forma excesiva, sino que debería estar en condiciones similares a los hoteles en el número de plazas; reconozco que no es realista esta propuesta, ya que ninguna legislación lo permitirá. Tampoco soy partidario de que edificios enteros se conviertan en falsos hoteles, donde todas las casas se amueblan con muebles baratos de Ikea, o no tan baratos, y se explotan en Airbnb. Esta situación es totalmente contraria al concepto original de Airbnb y no deja de ser una especie de hotel o aparthotel, que ha existido toda la vida.

La regulación debería exigir unos mínimos de calidad, condiciones de seguridad, ¿y por qué no?, unos impuestos específicos.

Pero una regulación que prohíba complemente esta actividad sería un abuso de autoridad, y, peor aún, son las regulaciones que intentan implantar requisitos absurdos, imposibles de cumplir, que incluso podrían considerarse en contra de la libre competencia, como la nueva regulación que quería sacar la alcaldesa de Madrid para terminar con casi todos los apartamentos turísticos, permitiendo solo aquellos que tengan entrada independiente (nota 13).

En Madrid tenemos casi 50 mil plazas de hotel, de las cuales un 10 % son hostales, la mayor parte de ellos están ubicados en el centro, exactamente hay 110 hostales, no dispongo de los datos de cuántos de ellos comparten entrada con el resto del edificio, pero basta con darse una vuelta por el centro histórico pata observar decenas de hostales en plantas intermedias de edificios residenciales, que tienen un tránsito constante de turistas que entran y salen constantemente, cruzándose con los vecinos.

Me apostaría lo que fuese a que estos hostales generan muchas más molestias y ruidos a los vecinos que habitan en el edificio que cualquier apartamento turístico. Además, tener un Airbnb en tu edificio siempre aporta dinamismo y riqueza a todos.

En mi opinión, lo que nunca se debería regular es la actividad colaborativa, del alquiler de una habitación o el alquiler temporal de tu casa. Ambas representan un concepto de compartir y optimizar recursos que cambiará el mundo tal y como lo conocemos, disminuyendo las desigualdades sociales y aumentando el poder adquisitivo.

**¿A quién perjudica Airbnb?**

Dado que tanta gente critica a esta empresa, tendrá que tener algún perjudicado. Los principales pueden ser los vecinos que tengan un Airbnb en su edificio, tal y como he comentado al principio del libro, aunque es muy poco probable, alguna vez pueden tocar unos huéspedes fiesteros o ruidosos, sin embargo, también puede haber un vecino ruidoso y fiestero. En ese caso, incluso se agradecería que fuese un Airbnb, que por lo menos los huéspedes cambian cada 3 o 5 días mientras que al vecino lo tienes que aguantar todo el tiempo. Otra cosa es que tu vecino haya preparado su piso para la fiesta y lo alquile siempre a grupos de chavales jóvenes que vienen con ganas de cachondeo y no les importa nada. Esto si que es un problema, que se debería notificar y tratar cuanto antes con el propietario.

Por otro lado, están los vecinos un poco racistas o clasistas que no les agrada ver a personas asiáticas, hindúes o incluso a unos simples ingleses en su edificio. No es habitual que esto ocurra, pero en algunas ocasiones, principalmente con personas mayores, he visto como los criticaban o incluso me lo decían a mi en la cara cuando estaba recibiendo a los turistas. Entiendo el descontento que puedan sentir en estas situaciones "en la vida hemos visto hindúes en nuestro portal" o "cruzarme con guiris en el ascensor que no dan los buenos días porque no entienden ni papa de español" pero la vida cambia y hay que tener la mente un poco abierta para saber adaptarse.

Y por supuesto, no me olvido de todos aquellos que no encuentran piso en alquiler por "culpa" de Airbnb, no voy a estudiar si el motivo del alza del alquiler generalizado en toda España es por culpa de Airbnb, aunque es evidente que tiene una minúscula parte de culpa, pero no es la única causa del aumento del precio del alquiler (Nota 14), el articulo explica perfectamente las causas, por lo que no voy a explicarlas yo de nuevo, te invito a leerlo si tienes interés. Desde mi propia experiencia buscando pisos para alquilar en Madrid hace más de 2 años, encontrar un piso disponible no fue nada fácil, hace dos años en Madrid no había ni la mitad de pisos que hay ahora mismo en Airbnb, entonces no podemos confirmar a voz de pronto que Airbnb sea el culpable. Como dato interesante que no menciona el artículo comentado anteriormente, solo en Madrid hay 153.101 viviendas vacías, según el censo del año 2011 (es el censo más actual del que disponemos). Gran parte de estas viviendas vacías pertenecen a la banca, a Sareb y otros fondos de inversión. En Madrid actualmente como has visto antes solo hay unas 10 mil propiedades en Airbnb, según AirDNA. Estas 10 mil propiedades representan solo un 0,066

% del total viviendas de Madrid (15 millones según el censo de 2011). Además, no puedo saber con exactitud cuantas viviendas, de todas las publicadas en Airbnb son temporales, sería conveniente disponer de este dato para tener una mejor perspectiva de la realidad.

Con estos datos sobre la mesa no voy a discutir si la gentrificación en el centro de las ciudades esta ocurriendo o no. Aunque con los datos anteriores se puede observar que el cambio no es tan brusco y mucho menos tan exagerado como lo pintan los medios. Es cierto y es una realidad que ciertas familias se han tenido que marchar de la casa donde vivían porque les han subido el alquiler o directamente porque el propietario quería poner el piso en Airbnb. Ante esta situación es normal que la gente enseguida le eche la culpa a Airbnb, pero yo soy de los que opinan igual que Jim Rohn quien dijo: "Tu vida no mejora por casualidad, mejora con el cambio" y desde mi punto de vista si un cambio no te gusta, cámbialo tu mismo, lo que no puedes hacer es dedicarte a mirar al pasado y quejarte, los movimientos sociales no son nuevos, se llevan produciendo desde siempre y es lo que nos hace avanzar y progresar.

**¿A quién beneficia Airbnb?**

Aunque no te lo creas nos beneficia a todos. A diferencia del sector hotelero que está segmentado en grandes grupos de cadenas hoteleras, Airbnb está compuesto por pequeños propietarios, de hecho, la mayoría solo tienen una propiedad, por lo tanto, estamos hablando de que la redistribución de riqueza entre todos es mayor, no es necesario un estudio que lo demuestre, ya se puede apreciar a simple vista. Si te hace falta un ejemplo para verlo más claro, piensa en 20 apartamentos cada uno de ellos de un propietario diferente y un hotel con 20 habitaciones de un único propietario, suponiendo que generarían los mismos ingresos, en el primer caso se dividirían entre 20 personas distintas y en el segunda caso irían directamente a una sola persona.

La economía, al fin y al cabo, es solo movimiento de dinero, y este se mueve más rápido cuando se reparte entre muchas manos, en vez de repartirlo entre cuatro grupos hoteleros internacionales.

No es solo el reparto de dinero entre los propietarios el que nos beneficia, son todos los servicios que mueve cada reserva: la limpieza, las bienvenidas, la gastronomía y todos los servicios locales que consuma el huésped. El propio Airbnb ha estudiado el impacto (Nota 15) y ha demostrado que el huésped de Airbnb tiene un mayor impacto económico en comparación con el huésped hotelero. El Airbnb el huésped se aloja durante más tiempo, la estancia es 2,1 veces superior a un turista hotelero y lo mismo ocurre con el gasto, que es el doble que el de otro turista normal, además el 42 % del gasto se produce en el barrio en el que se aloja.

Desde el punto de vista del anfitrión, los ingresos generados ayudan a pagar la hipoteca, generan puestos de empleo y, por supuesto, proporcionan un beneficio económico. Por no hablar de la aparición de cientos de empresas como la que inicié yo o como Hostmaker a nivel mundial. Todo ello genera una cadena de valor abismal que está moviendo y cambiando el mundo.

En palabras de Mariana Mazzucato, profesora de Economía de la Innovación en la Universidad de Sussex: *"Compartir no es el fin sino el medio para alcanzar un objetivo mucho más importante: garantizar un crecimiento inteligente, inclusivo y sostenible de la sociedad".*

# Sobre el autor

Aunque es más interesante que otros escriban sobre mí, todavía no he llegado a ese nivel y me toca escribir un poco sobre mí mismo.

Desde muy joven me han apasionado los negocios, el mundo de la inversión y sobre todo la creación de nuevas empresas, tanto que a los 9 años creé mi primer negocio. En la actualidad, además de haber creado Gaspadar, he sido cofundador de Hussars y coautor del libro: "El pequeño gran libro del value investing". Mi vocación emprendedora y mi afán por transmitir todo lo que he aprendido me llevaron a la creación de este libro.

Estaré encantado de recibir tu *feedback* sobre el libro, te agradecería mucho que escribieras una buena opinión en Amazon. Si esto fuese Airbnb, yo te diría que ya te he dejado una buena opinión y que espero impaciente la tuya. Sinceramente espero que lo petes en Airbnb y que la lectura te haya sido de utilidad.

# **Notas**

Nota1: https://assets.documentcloud.org/documents/3671352/AHLA-Board-Book-Fall-2016.pdf

Nota2: https://www.elconfidencial.com/tecnologia/2014-07-25/alquile-mi-piso-en-airbnb-y-ahora-no-puedo-echar-al-inquilino_167648/

Nota 3: https://www.elconfidencial.com/empresas/2018-04-18/airbnb-destrozos-chalet-finca-torrelodones_1551514/

Nota 4: https://www.cerodosbe.com/es/alojamiento/hoteles/nh-apuesta-por-la-gran-via-madrilena-para-su-proximo-collection_18024_102.html

Nota 5: https://community.withairbnb.com/t5/Otros-temas/Carta-de-Hacienda-Madrid/td-p/97989

Nota 6: https://www.clarin.com/sociedad/filmaron-camaras-ocultas-casa-alquilado-airbnb_0_ryoqgtQaZ.html

Nota 7: http://www.elmundo.es/economia/2015/08/16/55d0ac6646163f33568b4575.html

Nota 8: https://www.elconfidencial.com/vivienda/2017-05-20/alquiler-vacacional-alquiler-tradicional-rentabilidad-precios-ocupacion_1380456/

Nota 9: https://cincodias.elpais.com/cincodias/2017/05/16/midinero/1494956650_820671.html

Nota 10: https://www.sciencedirect.com/science/article/pii/S0261517716300127

Nota 11: http://blog.AirDNA.co/airbnb_superhost_status/

Nota 12: http://blog.AirDNA.co/business-ready-airbnb-hosts-make-an-average-of-10k-more-in-top-markets/

Nota 13: https://elpais.com/ccaa/2018/05/09/madrid/1525866717_948835.html

Nota 14: https://www.globaliza.com/noticias/precios-altos-del-alquiler-en-espana/

Nota 15: https://www.airbnb.es/economic-impact

# CÓMO PETARLO EN AIRBNB

VLADYSLAV MARCOS NAGAY

# CÓMO PETARLO EN AIRBNB

www.ingramcontent.com/pod-product-compliance
Lightning Source LLC
Chambersburg PA
CBHW032211220526
45472CB00018B/857